Theologische Brocken 001

Søren Kierkegaard

# Die Lilie auf dem Feld und der Vogel unter dem Himmel

Drei Reden, Gott betreffend

Aus dem Dänischen übersetzt von
Peter Urban-Halle
Mit einem Essay von Frank Witzel

Matthes & Seitz Berlin

# Inhalt

# Vorwort

Dieses kleine Buch (das mich durch die Umstände seines Auftretens an mein erstes erinnert und ganz besonders an das erste Wort meines ersten, nämlich das Vorwort der *Zwei erbaulichen Reden* 1843, die gleich nach *Entweder-Oder* erschienen) wird, hoffe ich, »jenen Einzelnen, den ich mit Freude und Dankbarkeit *meinen* Leser nenne« an das gleiche erinnern: »es möchte im Verborgenen verbleiben, wie es auch in aller Heimlichkeit entstand – eine kleine Blume in der Verborgenheit des großen Walds.« Daran will es den Leser durch die Umstände erinnern; und ebenfalls, hoffe ich, wird es ihn – wie mich – an das Vorwort der *Zwei erbaulichen Reden* von 1844 erinnern: »es wird mit der rechten Hand dargeboten« – im Gegensatz zum Pseudonym, das mit der linken gereicht wurde und wird.

5. Mai 1849
S.K.

# Gebet

Vater in den Himmeln! Was man in der Gesellschaft von Menschen, besonders im Menschengewimmel, so schwer erkennt, und was, falls man es woanders erfahren hat, in der Gesellschaft von Menschen, besonders im Menschengewimmel, so leicht vergessen wird – was es nämlich heißt, Mensch zu sein, und was die Forderung, Mensch zu sein, im Verhältnis zu Gott bedeutet. Es bedeutet: dass wir es lernen mögen oder, wenn es vergessen ist, dass wir es erneut lernen mögen von der Lilie und dem Vogel; und wenn nicht auf einmal und vollständig, so doch ein wenig davon und Schritt für Schritt; dass wir diesmal von dem Vogel und der Lilie lernen mögen: Schweigen, Gehorsam, Freude!

# Das Evangelium am 15. Sonntag nach Trinitatis

Niemand kann zwei Herren dienen: Entweder er wird den einen hassen und den andern lieben, oder er wird an dem einen hängen und den andern verachten. Ihr könnt nicht Gott dienen und dem Mammon. Darum sage ich euch: Sorgt euch nicht um euer Leben, was ihr essen und trinken werdet; auch nicht um euren Leib, was ihr anziehen werdet. Ist nicht das Leben mehr als die Nahrung und der Leib mehr als die Kleidung? Seht die Vögel unter dem Himmel an: Sie säen nicht, sie ernten nicht, sie sammeln nicht in die Scheunen; und euer himmlischer Vater ernährt sie doch. Seid ihr denn nicht viel kostbarer als sie? Wer ist aber unter euch, der seiner Länge eine Elle zusetzen könnte, wie sehr er sich auch darum sorgt? Und warum sorgt ihr euch um die Kleidung? Schaut die Lilien auf dem Feld an, wie sie wachsen: Sie arbeiten nicht, auch spinnen sie nicht. Ich sage euch, dass auch Salomo in aller seiner Herrlichkeit nicht gekleidet gewesen ist wie eine von ihnen. Wenn nun Gott das Gras auf dem Feld so kleidet, das doch heute steht und morgen in den Ofen geworfen wird:

Sollte er das nicht viel mehr für euch tun, ihr Kleingläubigen? Darum sollt ihr nicht sorgen und sagen: Was werden wir essen? Was werden wir trinken? Womit werden wir uns kleiden? Nach dem allen trachten die Heiden. Denn euer himmlischer Vater weiß, dass ihr all dessen bedürft. Trachtet zuerst nach dem Reich Gottes und nach seiner Gerechtigkeit, so wird euch das alles zufallen. Darum sorgt nicht für morgen, denn der morgige Tag wird für das Seine sorgen. Es ist genug, dass jeder Tag seine eigene Plage hat. [Matthäus 6,24–34]

# 1
# »Seht die Vögel unter dem Himmel an; schaut die Lilien auf dem Feld an«

Aber vielleicht sagst du mit dem »Dichter«, und das gefällt dir sehr, wenn der Dichter so spricht: O wär ich doch bloß ein Vogel oder wie ein Vogel, wie der freie Vogel, der mit Reiselust weit, weit weg über Meer und Land fliegt, dem Himmel so nah, in ferne, ferne Gegenden – ach ich, der ich mich nur gebunden und nochmals gebunden fühle und auf der Stelle festgenagelt, wo mir tägliche Sorgen und Leiden und Mühseligkeiten zu verstehen geben, dass ich hier wohne, und zwar für den Rest meines Lebens! Wär ich doch bloß ein Vogel oder wie ein Vogel, der sich leichter als alle irdische Last in die Luft erhebt, leichter als die Luft, wär ich doch bloß wie der leichte Vogel, der, wenn er Halt sucht, sogar auf der Oberfläche des Meeres sein Nest baut – ach, ich, den schon die kleinste Bewegung, ich muss mich nur rühren, die ganze Last spüren lässt, die mich bedrückt! Wär ich doch bloß ein Vogel oder wie ein Vogel, frei von jeder Rücksicht, wie der kleine Singvogel, der demütig singt, obwohl ihm niemand zuhört – oder

der stolz singt, obwohl ihm niemand zuhört: ach ich, der ich keinen Augenblick und nichts für mich selbst habe, sondern wie zerstückelt bin, um Tausenden von Rücksichten zu dienen! Wär ich doch bloß eine Blume oder wie eine Blume auf der Wiese, glücklich verliebt in mich selbst, und das war's – ach ich, der ich diesen Zwiespalt des Menschenherzens auch in meinem Herzen fühle und weder selbstverliebt mit allem brechen noch liebevoll alles opfern kann!

So weit der »Dichter«. Flüchtig hingehört, klingt es beinah, als sagte er das Gleiche wie das Evangelium, schließlich preist und empfiehlt er das Glück des Vogels und der Lilie in den höchsten Tönen. Aber höre weiter. »Deshalb ist es fast eine Grausamkeit des Evangeliums, die Lilie und den Vogel zu preisen und zu sagen: Sei so wie sie – ich, in dem der Wunsch so wahr ist, so wahr, so wahr: ›O wär ich doch bloß wie ein Vogel unter dem Himmel, wie eine Lilie auf dem Feld.‹ Aber dass ich so werden könnte, ist ja ein Ding der Unmöglichkeit; eben deshalb ist der Wunsch so inbrünstig, so wehmütig und doch so brennend in mir. Wie grausam dann vom Evangelium, so zu mir zu sprechen; es ist ja, als wollte es mich um den Verstand bringen, dass ich sein *soll*, was ich nur allzu tief fühle, so tief wie in mir der Wunsch danach, dass ich es aber nicht bin und nicht sein kann. Ich kann das Evangelium nicht verstehen; uns trennt ein Sprachunterschied, der mich, wenn ich es verstünde, töten würde.«

Derart geht es dem »Dichter« mit dem Evangelium ständig; genauso geht es ihm mit dem Wort des Evangeliums, das uns auffordert, ein Kind zu sein. »O wär ich doch bloß ein Kind«, sagt der Dichter, »oder wär ich doch wie ein Kind, ›ach, Kind, unschuldig und fröhlich‹ – ach ich, der ich früh alt und schuldig und trübselig geworden bin!«

Seltsam, denn man sagt ja ganz richtig, der Dichter sei ein Kind. Und doch kann der Dichter das Evangelium nicht verstehen. Denn dem Leben des Dichters liegt eigentlich Verzweiflung um das zugrunde, was er zu werden wünschte; und diese Verzweiflung nährt den Wunsch. Aber der »Wunsch« ist die Erfindung der Trostlosigkeit. Es stimmt schon, für den Augenblick tröstet der Wunsch, aber bei näherem Hinsehen wird doch deutlich, dass er nicht tröstet; und deshalb sagen wir, der Wunsch ist der Trost, den die Trostlosigkeit erfindet. Wunderlicher Widerspruch in sich! Ja, aber der Dichter ist auch so ein Widerspruch in sich. Der Dichter ist das Kind des Schmerzes, das doch der Vater den Sohn der Freude nennt. Im Schmerz entsteht der Wunsch im Dichter; und dieser Wunsch, dieser brennende Wunsch, erfreut das Herz des Menschen, mehr als der Wein es beglückt, mehr als die früheste Knospe des Frühlings, mehr als der erste Stern, den man müde vom Tag fröhlich grüßt, voll Sehnsucht nach der Nacht, mehr als der letzte Stern am Himmel, von dem man Abschied nimmt, wenn der Tag graut. Der Dichter ist das Kind der Ewigkeit, doch fehlt ihm der Ernst der Ewigkeit. Wenn er an den Vogel und die Lilie denkt, weint er; in dem Maße, in dem er weint, findet er Linderung im Weinen, der »Wunsch« entsteht, und mit der Redegewandtheit des Wunsches: Wär ich doch bloß ein Vogel, der Vogel, von dem ich als Kind im Bilderbuch las; wär ich doch bloß eine Blume auf dem Feld, die Blume, die im Garten meiner Mutter stand. Aber würde man ihm mit dem Evangelium sagen: Es ist Ernst, es ist gerade der Ernst, dass der Vogel im Ernst der Lehrmeister ist, dann müsste der Dichter lachen – und er macht einen Scherz mit dem Vogel und der Lilie, so witzig, dass er uns alle zum Lachen bringt, selbst den ernstesten Menschen, der je gelebt hat; das Evangelium aber bewegt er auf diese Art nicht. So ernst ist das Evangelium, dass keine Wehmut des Dichters es verändert, die doch sogar den ernstesten Menschen so verändert, dass er einen Augenblick lang nachgibt, sich dem Gedanken des Dichters anheimgibt, mit ihm seufzt und sagt: »Mein Lieber, ist es dir wirklich unmöglich! Nun, dann darf ich auch nicht sagen ›Du sollst‹«; aber das Evangelium darf, es befiehlt dem Dichter, er solle wie der Vogel sein. Und so ernst ist das Evangelium, dass nicht einmal der unwiderstehlichste Einfall des Dichters es zum Lächeln bringt.

Du »sollst« wieder Kind werden, und deshalb oder dafür sollst du anfangen, dieses Wort verstehen zu können und zu wollen, das für das Kind gedacht ist und das jedes Kind versteht, dieses Wort sollst du verstehen, wie das Kind es versteht: Du *sollst.* Das Kind fragt nie nach dem Grund, das Kind darf es nicht, braucht es auch nicht – und das eine hängt mit dem andern zusammen: Gerade weil das Kind es nicht darf, braucht es auch nicht nach Gründen zu fragen; denn für das Kind ist es Grund genug, dass es soll, ja, nicht einmal alle Gründe zusammen wären für das Kind Grund genug. Und das Kind sagt nie: Ich kann nicht. Das Kind darf es nicht, und wahr ist es auch nicht – und das eine hängt mit dem andern eng zusammen: Denn gerade weil das Kind nicht sagen darf »Ich kann nicht«, deswegen ist es auch nicht wahr, dass es nicht kann, und deswegen stellt sich heraus, dass es in Wahrheit kann, da es nämlich unmöglich ist, nicht zu können, wenn man nichts andres tun darf, nichts ist sicherer – es muss nur sicher sein, dass man nichts andres darf. Und nie sucht das Kind eine Ausflucht oder Entschuldigung; denn es versteht die entsetzliche Wahrheit, dass es keine Ausflucht oder Entschuldigung hat, keinen Schlupfwinkel, weder im Himmel noch auf Erden, weder in der Wohnstube noch im Garten, wo es sich vor diesem »Du sollst« verstecken könnte. Und wenn man ganz sicher ist, dass es so einen Schlupfwinkel nicht gibt, dann gibt es auch keine Ausflucht oder Entschuldigung. Und wenn man die entsetzliche Wahrheit weiß, dass es keine Ausflucht oder Entschuldigung gibt – tja, dann kann man sich natürlich auch aus dem Kopf schlagen, sie zu finden, denn was es nicht gibt, lässt sich nicht finden – aber man lässt es auch sein, danach zu suchen; und tut, was man soll. Und das Kind überlegt niemals lange; denn wenn es soll und vielleicht sofort, dann gibt es keine Gelegenheit zu überlegen; und selbst, wenn das nicht der Fall wäre, wenn es doch soll – ja, selbst wenn man ihm eine Ewigkeit zum Überlegen gäbe, das Kind brauchte sie nicht, es würde sagen: »Wozu die viele Zeit, wenn ich doch sowieso soll.« Und wenn das Kind die Zeit annähme, würde es sie wohl anders nutzen, zum Spiel, zum Spaß und dergleichen; denn was das Kind soll, das soll es, das steht fest und hat nicht das Geringste mit Überlegung zu tun.

Lasst uns also nach Anweisung des Evangeliums die Lilie und den Vogel im Ernst als Lehrmeister betrachten. Im Ernst, denn so vergeistigt, dass es Lilie und Vogel nicht gebrauchen könnte, ist das Evangelium nicht; aber so irdisch, dass es Lilie und Vogel entweder nur wehmütig oder nur lächelnd betrachten könnte, ist es auch nicht.

Lasst uns von der Lilie und dem Vogel als Lehrmeister

das *Schweigen* lernen, oder lernen zu *schweigen*.

Denn es ist zwar die Sprache, die den Menschen vor dem Tier auszeichnet und, wenn man will, noch weit vor der Lilie. Aber aus dem Vorzug, sprechen zu können, folgt nicht, dass es keine oder nur eine geringe Kunst wäre, schweigen zu können; im Gegenteil, gerade weil der Mensch sprechen kann, ist es eine Kunst, schweigen zu können, und gerade weil dieser sein Vorzug ihn so leicht verführt, ist es sogar eine große Kunst, schweigen zu können. Und die kann er lernen von den schweigsamen Lehrmeistern: der Lilie und dem Vogel.

*»Trachtet zuerst nach dem Reich Gottes und nach seiner Gerechtigkeit.«*

Aber was bedeutet das, was muss ich tun, oder was ist das für ein Streben, von dem es heißt, dass es das Reich Gottes sucht, nach ihm trachtet? Soll ich mich um ein Amt bemühen, das meinen Fähigkeiten und Kräften entspricht, um darin zu wirken? Nein, *zuerst* sollst du nach dem Reich Gottes trachten. Soll ich mein ganzes Vermögen den Armen überlassen? Nein, *zuerst* sollst du nach dem Reich Gottes trachten. Soll ich losgehen und diese Lehre in der Welt verkünden? Nein, *zuerst* sollst du nach dem Reich Gottes trachten. Aber heißt das nicht, dass ich in gewissem Sinne nichts tun soll? Allerdings, in gewissem Sinne ist es nichts; im tiefsten Sinne sollst du dich selbst zu nichts machen, zu nichts vor Gott, du sollst schweigen lernen; in diesem Schweigen ist der Anfang, der bedeutet, *zuerst* nach Gottes Reich zu trachten.

Auf diese Weise kommt man, Gott betreffend, gewissermaßen rückwärts zum Anfang. Der Anfang ist nicht das, womit man anfängt, sondern das, wohin man kommt; und man kommt rückwärts zu ihm hin. Der Anfang ist diese Kunst, schweigsam zu *werden*; denn schweigsam zu *sein* wie die Natur, ist keine Kunst. Und dieses im tiefsten Sinne Schweigsam-Werden, schweigsam Gott gegenüber, ist der Anfang der Gottesfurcht; denn wie Gottesfurcht der Anfang der Weisheit ist, ist das Schweigen der Anfang der Gottesfurcht. Und wie Gottesfurcht mehr als der Anfang der Weisheit ist, nämlich »Weisheit« an sich, ist Schweigen mehr als der Anfang der Gottesfurcht, es *ist* »Gottesfurcht«. In diesem Schweigen verstummen gottesfürchtig die vielen Gedanken von Wunsch und Begehr; in diesem Schweigen verstummt gottesfürchtig der Wortreichtum des Dankes.

Der Mensch hat dem Tier das Sprechen voraus; doch im Verhältnis zu Gott kann es dem Menschen, der sprechen kann, leicht zum Verhängnis werden, sprechen zu wollen. Gott ist im Himmel, der Mensch auf Erden: Deshalb können sie nicht gut miteinander sprechen. Gott ist Allwissenheit, was der Mensch weiß, ist belangloses Geschwätz: Deshalb können sie nicht gut miteinander sprechen. Gott ist Liebe, der Mensch ist, wie man zu einem Kind sagt, sogar in Bezug auf sein eigenes Wohl ein kleiner Narr: Deshalb können sie nicht gut miteinander sprechen. Nur in viel Furcht und Zittern kann der Mensch mit Gott sprechen; in viel Furcht und Zittern. Aber in Furcht und Zittern zu sprechen, ist aus einem andern Grunde schwierig; denn wie die Angst die Stimme versagen lässt, lässt wohl auch viel Furcht und Zittern die Rede in Schweigen verstummen. Das weiß der inständig Betende; und derjenige, der kein inständig Betender war, lernte es vielleicht gerade im Gebet. Es drückte ihm etwas so sehr aufs Gemüt, eine Sache, die ihm so wichtig war, es lag ihm so viel daran, sich Gott wirklich verständlich zu machen, er fürchtete, im Gebet etwas vergessen zu haben, ach, und falls er es vergessen hatte, fürchtete er, Gott könne sich nicht von selbst daran erinnern: Deshalb wollte er seine Gedanken sammeln, um inständig zu beten. Und wie geschah ihm dann, wo er doch so inständig betete? Wunderbares geschah; je inständiger er betete, umso weniger hatte er zu sagen, und schließlich wurde er ganz stumm. Er wurde stumm; ja, was womöglich noch mehr als Schweigen das Gegenteil von Sprechen ist, er wurde ein Hörender. Er hatte gemeint, Beten sei Sprechen; er lernte, Beten ist nicht nur Schweigen, sondern Hören. Und so ist es; Beten heißt nicht, sich selbst sprechen zu hören, sondern allmählich zu schweigen, beim Schweigen zu verharren und zu warten, bis der Betende Gott hört.

Deshalb ist das Wort des Evangeliums, *zuerst* nach dem Reich Gottes zu trachten, ein erzieherisches Wort; es verschließt gewissermaßen dem Menschen den Mund, indem es auf jede seiner Fragen, ob er dies oder jenes tun solle, entgegnet: Nein, *zuerst* sollst du nach dem Reich Gottes trachten. Und deshalb kann man dieses Wort des Evangeliums auch folgendermaßen formulieren: »Du sollst mit dem Beten anfangen, nicht als finge – wie wir gezeigt haben – das Gebet stets mit Schweigen an, sondern weil es, wenn es wirklich Gebet geworden, auch Schweigen geworden ist. Zuerst nach dem Reich Gottes trachten heißt: Beten!« Falls du fragst – ja wenn du sogar fragend alles einzeln durchgingest: Ist es das, was ich tun soll, und wenn ich's tue, heißt das dann nach dem Reich Gottes trachten? –, muss darauf entgegnet werden: Nein, zuerst sollst du nach dem Reich Gottes trachten. Aber beten, also richtig beten, bedeutet schweigsam werden, und das bedeutet wiederum, zuerst nach dem Reich Gottes zu trachten.

Dieses Schweigen kannst du bei der Lilie und dem Vogel lernen. Das heißt, ihr Schweigen ist keine Kunst, aber wenn *du* es schaffst, wie die Lilie und der Vogel zu schweigen, bist du an jenem Anfang, der bedeutet, *zuerst* nach Gottes Reich zu trachten.

Wie feierlich es dort unter Gottes Himmel bei der Lilie und dem Vogel ist! Und warum? Frage den »Dichter«; er antwortet: »Weil dort Schweigen ist.« Und zu diesem feierlichen Schweigen sehnt er sich hinaus, fort von der Weltlichkeit in der Menschenwelt, wo so viel geredet wird, fort von dem ganzen weltlichen Menschenleben, das nur auf traurige Weise bezeugt, dass sich der Mensch vor den Tieren durch die Rede auszeichnet. »Denn«, wird der Dichter sagen, »wenn das eine Auszeichnung ist, dann ziehe ich bei Weitem das Schweigen da draußen vor; ich ziehe es vor, nein, das ist nicht vergleichbar, es zeichnet sich unendlich vor den Menschen aus, die reden können.« Im Schweigen der Natur meint der Dichter nämlich die Stimme der Gottheit zu vernehmen; im emsigen Reden der Menschen hingegen meint er nicht nur, die Stimme der Gottheit nicht zu vernehmen, sondern nicht einmal zu vernehmen, dass der Mensch mit der Gottheit eines Geschlechts ist. Der Dichter sagt: Das Reden ist der Vorzug des Menschen vor dem Tier, ja, allerdings – falls er *schweigen* kann.

Aber schweigen zu können, das kannst du bei der Lilie und dem Vogel lernen, wo das Schweigen ist und auch etwas Göttliches in diesem Schweigen. Da draußen ist Schweigen; und nicht nur, wenn alles schweigt in der schweigsamen Nacht, sondern auch am Tag, wenn Tausende Saiten in Bewegung sind und alles wie ein Meer von Tönen ist, auch dann ist doch Schweigen da draußen: Jeder Einzelne macht es so gut, dass keiner von ihnen und nicht alle gemeinsam das feierliche Schweigen brechen. Da draußen ist Schweigen. Der Wald schweigt; selbst wenn er flüstert, schweigt er doch. Denn die Bäume, noch wo sie am dichtesten stehen, halten untereinander das Versprechen, das die Menschen, obwohl sie es sich gegeben haben, nicht halten – das Versprechen: »Das bleibt unter uns.« Das Meer schweigt; selbst wenn es rauscht und wütet, schweigt es doch. Im ersten Moment irrst du vielleicht, und hörst es lärmen. Wenn du dann vorschnell diese Nachricht verbreitest, tust du dem Meer unrecht. Wenn du dir dagegen Zeit nimmst und genauer lauschst, hörst du – wie wunderbar! – hörst du das Schweigen; denn Einförmigkeit ist doch auch Schweigen. Wenn Schweigen am Abend über der Landschaft ruht und du von der Weide das ferne Brüllen vernimmst oder fern vom Bauernhaus die vertraute Stimme des Hundes hörst: dann kann man nicht sagen, dass dies Gebrüll oder diese Stimme das Schweigen störe, nein, es gehört zum Schweigen dazu, ist in geheimnisvoller, insofern wieder in stillschweigender Übereinstimmung mit dem Schweigen und vermehrt es.

Und lass uns die Lilie und den Vogel, von denen wir lernen sollen, nun näher betrachten. Der Vogel *schweigt und wartet*: Er weiß, oder richtiger, er glaubt steif und fest, dass alles zu seiner Zeit geschieht, deshalb wartet der Vogel; aber er weiß auch, dass es ihm nicht gebührt, Zeit oder Tag zu wissen, deshalb schweigt er. »Es wird schon zur passenden Zeit kommen«, sagt der Vogel, doch nein, das sagt er eben nicht, er schweigt; aber sein Schweigen ist beredt, es sagt, dass er es glaubt, und weil er es glaubt, schweigt er und wartet. Wenn dann der Augenblick kommt, versteht der schweigsame Vogel, dass dies der Augenblick ist; er nutzt ihn, und er wurde nie enttäuscht. So auch die Lilie, sie schweigt und wartet. Sie fragt nicht ungeduldig: »Wann kommt der Frühling?«, denn sie weiß, er kommt zur passenden Zeit, und sie weiß, es wäre ihr am wenigsten dienlich, wenn sie die Zeiten des Jahres bestimmen dürfte; sie sagt nicht: »Wann regnet's denn endlich?« oder »Wann scheint denn nun die Sonne?« oder »Jetzt hat's aber zu viel geregnet« oder »Jetzt war's aber zu heiß«; sie will nicht wissen, wie der Sommer in diesem Jahr wird, wie lang oder wie kurz: nein, sie schweigt und wartet – so einfältig ist sie, aber betrogen wurde sie nie; das kann ja auch nur der Klugheit widerfahren, nicht der Einfalt, die nicht betrügt und nicht betrogen wird. Dann kommt der Augenblick, und wenn er kommt, versteht die schweigsame Lilie, dass der Augenblick da ist, und nutzt ihn. O ihr tiefsinnigen Lehrmeister der Einfalt, ob es denn auch möglich wäre, dem »Augenblick« zu begegnen, wenn man spricht? Nein, nur durch das Schweigen begegnet man dem Augenblick; indem man spricht, und sei's nur ein Wort, verpasst man ihn; nur im Schweigen *ist* der Augenblick. Vermutlich gelang es auch deshalb einem Menschen so selten zu verstehen, wann der Augenblick da ist, und ihn richtig zu nutzen, und zwar nur, weil er nicht schweigen kann. Er kann nicht schweigen und warten, daraus lässt sich vielleicht erklären, dass der Augenblick für ihn überhaupt nicht kommt; er kann nicht schweigen, daraus lässt sich vielleicht erklären, dass er den Augenblick, als er für ihn kam, gar nicht bemerkte. Denn der Augenblick, obwohl so voll von reicher Bedeutung, schickt trotzdem vorher keine Botschaft, um seine Ankunft zu melden; dazu kommt er zu schnell, wenn er kommt, denn es vergeht ja kein Augenblick vor ihm; und mag er an sich noch so bedeutungsvoll sein, er kommt auch nicht mit Lärm oder Geschrei; nein, er kommt leise, mit leichterem Schritt, als jedes andere Geschöpf gehen kann, denn er kommt mit dem leichten Schritt des Plötzlichen, auf leisen Sohlen: Deshalb muss man unbedingt schweigen, wenn man das vernehmen will: »Nun ist er da«; und im nächsten Augenblick ist er vorbei, deshalb muss man unbedingt geschwiegen haben, wenn es gelingen soll, ihn zu nutzen. Und doch hängt alles vom »Augenblick« ab. Es ist gewiss das Unglück im Leben der allermeisten Menschen, dass sie den »Augenblick« nie vernommen haben, dass in ihrem Leben das Ewige und das Zeitliche nie zueinander fanden, und warum? Weil sie nicht schweigen konnten.

Der Vogel *schweigt und leidet*. Wie sehr sein Herz auch leidet, er schweigt. Selbst der schwermütige Klagesänger der Wüste oder der Einsamkeit schweigt. Er seufzt dreimal, dann schweigt er, seufzt wieder dreimal; aber im Wesentlichen schweigt er. Den Grund dafür nennt er nicht, er klagt nicht, klagt niemanden an, er seufzt, um wieder zu schweigen. Es scheint nämlich, als wollte das Schweigen ihn zersprengen – er muss seufzen, um schweigen zu können. Befreit vom Leid ist der Vogel nicht; aber der schweigsame Vogel befreit sich von dem, was das Leid noch erschwert, von der missverstandenen Anteilnahme anderer; von dem, was das Leid noch verlängert, dem vielen Gerede darüber; und von dem, was schlimmer ist als das Leid: von der Sünde der Ungeduld und der Trübsal. Denn glaube ja nicht, der Vogel wolle uns nur etwas vormachen, indem er schweigt, wenn er leidet, dass er aber im Innern, wie schweigsam er auch andern gegenüber sein mag, nicht schweigt, sondern über sein Schicksal klagt, Gott und die Menschen anklagt und »das Herz in Sorge sündigen« lässt. Nein, der Vogel schweigt und leidet. Ach, das tut der Mensch nicht. Aber woher kommt es denn, dass menschliches Leid, verglichen mit dem Leid des Vogels, so schrecklich erscheint? Doch wohl nicht daher, dass der Mensch sprechen kann? Nein, denn das ist ja ein Vorzug, sondern daher, dass der Mensch nicht schweigen kann. Es ist nämlich nicht so, wie der Ungeduldige oder, noch heftiger, der Verzweifelte es zu verstehen meint, wenn er – und dies ist bereits ein Missbrauch der Rede und der Stimme –, wenn er sagt oder schreit: »Hätte ich doch nur eine Stimme wie der Sturm, um all das Leid ausdrücken zu können, das ich verspüre!« Oh, das wäre nicht sehr klug, denn er würde das Leid nur noch stärker verspüren. Nein, aber wenn du schweigen könntest, wenn du die Schweigsamkeit des Vogels hättest, sollte das Leid schon kleiner werden.

Und wie der Vogel, so die Lilie, sie schweigt. Auch wenn sie leidet, indem sie welkt – sie schweigt; verstellen kann das unschuldige Kind sich nicht – das wird auch nicht verlangt, und es ist ein Glück für sie, dass sie's nicht kann, denn die Kunst sich verstellen zu können, hat wahrlich einen hohen Preis –, sie kann sich nicht verstellen, sie kann nichts dafür, dass sie die Farbe wechselt und mit ihrem Erbleichen verrät, dass sie leidet; aber sie schweigt. Sie hielte sich gern aufrecht, um ihr Leid zu verbergen, doch dafür fehlen ihr die Kräfte, die Herrschaft über sich selbst, ihr Kopf neigt sich matt, der Vorübergehende – wenn jemand so viel Interesse aufbringt, darauf zu achten! –, der Vorübergehende versteht, was das bedeutet, es sagt genug; aber die Lilie schweigt. So weit die Lilie. Aber woher kommt es denn, dass menschliches Leid, verglichen mit dem Leid der Lilie, so schrecklich erscheint? Doch wohl nicht daher, dass sie nicht sprechen kann? Wenn die Lilie sprechen könnte und, wie der bedauernswerte Mensch, die Kunst zu schweigen nicht gelernt hätte: Wäre dann nicht auch ihr Leid schrecklich? Aber die Lilie schweigt. Denn für sie ist Leiden Leiden, nicht mehr und nicht weniger. Doch eben wenn es schlicht Leiden ist, nicht mehr und nicht weniger, dann ist das Leid so weit wie möglich einfach und einfältig gemacht und so gering wie möglich. Kleiner kann das Leid nicht werden, da es ja doch *ist* und also ist, was es ist. Hingegen kann es unendlich viel größer werden, wenn es nicht genau das wird, was es ist, nicht mehr und nicht weniger. Wenn das Leid nicht mehr und nicht weniger ist, es also nur das Bestimmte ist, was es ist – dann ist es, selbst wenn es das größte Leid wäre, das kleinste, das es sein kann. Wenn aber unbestimmt ist, wie groß das Leid eigentlich ist, dann wird es größer; diese Unbestimmtheit vermehrt das Leid ohne Ende. Und diese Unbestimmtheit entsteht genau durch diesen zweideutigen Vorzug des Menschen, sprechen zu können. Die Bestimmtheit des Leids hingegen, dass es nicht mehr und nicht weniger ist als das, was es ist, wird wiederum nur erreicht, indem man schweigen kann; und dieses Schweigen kannst du von dem Vogel und der Lilie lernen.

Dort draußen bei der Lilie und dem Vogel ist Schweigen. Aber was bedeutet dieses Schweigen? Es bedeutet Ehrerbietung für Gott, dass er es ist, der herrscht, und er allein, dem Weisheit und Verstand zustehen. Und eben weil dieses Schweigen Ehrfurcht vor Gott ist, weil es, wie in der Natur möglich, Anbetung ist, deshalb ist dieses Schweigen so feierlich. Und weil es so feierlich ist, vernimmt man Gott in der Natur – was Wunder, wenn alles schweigt aus Ehrerbietung für ihn! Obwohl *er* nicht spricht, wirkt der Umstand, dass alles aus Ehrerbietung für ihn schweigt, gerade so, als spräche er.

Was du dagegen durch keines »Dichters« Hilfe aus dem Schweigen dort draußen bei der Lilie und dem Vogel lernen kannst, was nur das Evangelium dich lehren kann: dass es Ernst ist, dass es Ernst sein muss, dass der Vogel und die Lilie Lehrmeister sein *sollen*, dass du ihnen nacheifern, von ihnen lernen sollst, ganz ernsthaft, dass du so schweigsam wie die Lilie und der Vogel werden sollst.

Und schon dies ist ja der Ernst – wenn es recht verstanden wird, nicht wie der träumende Dichter oder der Dichter, der die Natur von sich, dem Dichter, träumen lässt – dies: Dort bei der Lilie und dem Vogel vernimmst du, *dass du vor Gott bist*; in Rede und Gespräch mit anderen Menschen wird es häufig vergessen. Denn wenn wir bloß zu zweit miteinander sprechen und mehr noch, wenn wir zu zehnt oder zahlreicher sind, wird es so leicht vergessen, dass du und ich, wir zwei, oder dass wir zehn vor Gott sind. Aber die Lilie, die Lehrmeisterin, ist tiefsinnig. Sie lässt sich gar nicht mit dir ein, sie schweigt, und indem sie schweigt, gibt sie dir zu verstehen, dass du vor Gott bist, dass du daran denkst, dass du vor Gott bist – dass du auch in Ernst und Wahrheit vor Gott schweigsam sein musst.

Und schweigsam vor Gott wie die Lilie und der Vogel *sollst* du sein. Du sollst nicht sagen: »Dem Vogel und der Lilie fällt es leicht zu schweigen, sie können ja nicht sprechen«; das sollst du nicht sagen, du sollst überhaupt nichts sagen, auch nicht den kleinsten Versuch unternehmen, die Unterweisung im Schweigen unmöglich zu machen, indem du, statt ernsthaft zu schweigen, verbohrt und sinnlos das Schweigen in der Rede verhedderst und verpfuschst, womöglich als Gegenstand der Rede, so dass aus dem Schweigen nichts wird, sondern im Gegenteil eine Rede entsteht: darüber, schweigsam zu sein. Du sollst dich vor Gott nicht wichtiger nehmen als eine Lilie oder ein Vogel – doch wenn es dir ernst und wahr damit ist, dass du vor Gott bist, dann wird Letzteres aus Ersterem folgen. Und wäre dein Ziel auf Erden auch eine noch so erstaunliche Ruhmestat: Du sollst die Lilie und den Vogel als deine Lehrmeister anerkennen und dich vor Gott nicht wichtiger nehmen als die Lilie oder der Vogel. Und wäre auch die Welt nicht groß genug, um all deinen Plänen Platz zu bieten, wenn du sie entfalten willst: Du sollst von dem Vogel und der Lilie als deinen Lehrmeistern lernen, all deine Pläne vor Gott einfältig zusammenfalten zu können zu dem, was weniger Platz braucht als ein Punkt und weniger Lärm macht als die nichtssagendste Belanglosigkeit: zum Schweigen. Und wäre dein Leid in der Welt auch so qualvoll, wie von niemandem je erlebt: Du sollst die Lilie und den Vogel als deine Lehrmeister anerkennen und dich nicht selber wichtiger nehmen, als die Lilie und der Vogel es tun mit ihren kleinen Sorgen.

So macht das Evangelium Ernst damit, Vogel und Lilie zu Lehrmeistern zu bestimmen. Anders verhält es sich mit dem Dichter oder mit dem Menschen, der, eben weil der Ernst fehlt, im Angesicht der Lilie und des Vogels nicht vollkommen schweigsam wird – sondern Dichter. Denn natürlich ist die Dichter-Rede von gewöhnlicher menschlicher Rede höchst verschieden, so feierlich, dass sie, verglichen mit gewöhnlicher Rede, fast wie Schweigen ist, aber eben nur fast. Auch sucht der »Dichter« das Schweigen nicht, um schweigen zu können, sondern im Gegenteil, um sprechen zu können – wie ein Dichter spricht. Im Schweigen da draußen träumt der Dichter von der Ruhmestat, die er freilich nie vollbringt – denn der Dichter ist ja nicht der Held; und er lernt mit Worten umzugehen –, vielleicht wird er gerade deshalb redegewandt, weil er der unglückliche Liebhaber der Ruhmestat ist, während der Held ihr glücklicher Liebhaber ist, der Mangel also macht ihn redegewandt, wie der Mangel wesentlich den Dichter macht – er lernt mit Worten umzugehen; dieser gekonnte Umgang mit Worten, diese Redegewandtheit ist das Gedicht. Da draußen im Schweigen entwirft er große Pläne, um die ganze Welt zu verändern und zu beglücken, große Pläne, die nie Wirklichkeit werden – nein, denn sie werden ja Gedicht. Da draußen im Schweigen brütet er über seinem Schmerz, alles – sogar die Lehrmeister, der Vogel und die Lilie, müssen ihm dienen, statt seine Lehrer zu sein – alles hallt wider von seinem Schmerz; und dieser Widerhall des Schmerzes ist das Gedicht.

Ein schlichter Schrei nämlich ist kein Gedicht, aber der endlose Widerhall des Schreis an sich, das ist ein Gedicht.

Schweigsam wird der Dichter im Schweigen bei Lilie und Vogel also nicht, und warum nicht? Weil er das Verhältnis umkehrt, sich Lilie und Vogel gegenüber wesentlicher macht, sich einbildet, er habe sogar das Verdienst, dem Vogel und der Lilie Wort und Rede zu leihen, wie es heißt, obwohl es doch seine Aufgabe war, selber von der Lilie und dem Vogel das Schweigen zu lernen.

O möge es doch mit Hilfe der Lilie und des Vogels dem Evangelium gelingen, dich, der du mir zuhörst, den Ernst zu lehren, und mich, dich vor Gott vollkommen schweigen zu lassen! Mögest du dich im Schweigen selbst vergessen, vergessen, wie du heißt, deinen eigenen Namen, den berühmten Namen, den elenden Namen, den unbedeutenden Namen, um im Schweigen zu Gott zu beten: »Geheiligt werde *Dein* Name!« Mögest du dich im Schweigen selbst vergessen, deine Pläne, die großen, alles umfassenden Pläne oder die begrenzten, dein Leben und deine Zukunft betreffenden, um im Schweigen zu Gott zu beten: »*Dein* Reich komme!« Mögest du im Schweigen deinen Willen vergessen, deinen Eigensinn, um im Schweigen zu Gott zu beten: »*Dein* Wille geschehe!« Ja, wenn du von der Lilie und dem Vogel lernen könntest, vor Gott vollkommen schweigsam zu sein, was gäbe es dann, wozu dir das Evangelium nicht verhelfen könnte, nichts wäre dir dann unmöglich. Aber wenn das Evangelium dich mit Hilfe der Lilie und des Vogels bloß das Schweigen lehrte, wie sehr wäre dir schon geholfen! Denn wie gesagt, wenn Gottesfurcht der Anfang der Weisheit ist, dann ist das Schweigen der Anfang der Gottesfurcht. Geh hin zur Ameise und werde weise, sagt Salomo; geh zum Vogel und zur Lilie und lerne das Schweigen, sagt das Evangelium.

»Trachtet *zuerst* nach dem Reich Gottes und nach seiner Gerechtigkeit.« Aber der Ausdruck dafür, dass man zuerst nach dem Reich Gottes trachtet, ist eben das Schweigen, das Schweigen der Lilie und des Vogels. Die Lilie und der Vogel trachten nach dem Reich Gottes, nach nichts anderem, alles Übrige fällt ihnen zu. Aber dann trachten sie ja gar nicht *zuerst* nach dem Reich Gottes, wenn sie nach nichts anderem trachten. Aus welchem Grund sagt dann das Evangelium: Trachte *zuerst* nach dem Reich Gottes, als gäbe es noch andere Dinge, nach denen zu trachten sei, obwohl es doch ganz offensichtlich meint, das Reich Gottes sei das einzige, wonach man trachten soll? Wohl aus dem Grund, weil man nach Gottes Reich zweifellos nur trachten kann, wenn man zuerst danach trachtet; wer das nicht tut, tut es gar nicht. Darüber hinaus weil das Vermögen, nach etwas zu trachten, auch die Möglichkeit in sich birgt, nach etwas anderem zu trachten, und deshalb muss das Evangelium, das ja bis auf Weiteres außerhalb des Menschen steht, der also auch nach etwas anderem trachten kann, sagen: Gottes Reich, danach musst du zuerst trachten. Und schließlich, weil sich das Evangelium mild und liebevoll zu den Menschen herablässt, sanft zu ihnen spricht, um sie zum Guten zu bewegen. Denn wenn es geradeheraus sagen würde: Du sollst einzig und allein nach dem Reich Gottes trachten, würde der Mensch sagen, das sei zu viel verlangt; er zöge sich zurück, halb ungeduldig, halb verschreckt. Aber nun nähert sich das Evangelium ihm ein wenig an. Da steht der Mensch vor den vielen Dingen, nach denen er trachten will – und das Evangelium wendet sich an ihn und sagt: »Trachte zuerst nach dem Reich Gottes.« Dann denkt sich der Mensch: Nun ja, wenn ich später auch noch nach etwas anderem trachten darf, dann fang ich eben mit Gottes Reich an. Fängt er wirklich damit an, weiß das Evangelium genau, was daraus folgt, dass er nämlich dadurch so zufrieden und erfüllt sein wird, dass er alles andere glatt vergisst, ja, dass er nichts weniger wünscht, als nach etwas anderem zu trachten – so dass es nun wahr wird, dass er einzig und allein nach dem Reich Gottes trachtet. So verhält sich das Evangelium, und so spricht ja der Ältere zu einem Kind. Stell dir ein Kind vor, das ganz ausgehungert ist; wenn die Mutter das Essen auf den Tisch stellt und das Kind es sieht, fehlt nicht viel, dass es vor Ungeduld weint und sagt: »Was soll's, das bisschen wird nie reichen, wenn ich's aufgegessen hab, bin ich so hungrig wie zuvor«; vielleicht wird es sogar so ungeduldig, dass es gar nicht erst anfangen will zu essen, »weil das bisschen doch sowieso nicht hilft«. Aber die Mutter, die doch weiß, das alles nur ein Missverständnis ist, sagt: »Ja, ja, kleiner Freund, iss das erst mal auf, dann schauen wir, ob es nicht noch ein wenig mehr gibt.« Dann greift das Kind zu, und was geschieht? Das Kind ist satt, bevor es die Hälfte geschafft hat. Hätte die Mutter es sofort zurechtgewiesen und gesagt: »Das ist mehr als genug«, hätte sie zwar nicht unrecht gehabt, hätte aber nicht die Weisheit gezeigt, die eigentlich zur Erziehung gehört. So auch mit dem Evangelium. Dem Evangelium kommt es nicht darauf an, zurechtzuweisen und zu schimpfen; es kommt ihm darauf an, die Menschen dazu zu bringen, sich nach ihm zu richten. Deshalb sagt es »trachte zuerst«. Damit lässt es sozusagen jeden Einwand des Menschen verstummen, bringt ihn zum Schweigen und veranlasst ihn, mit diesem Trachten wirklich zuerst zu beginnen; was den Menschen so sehr erfüllt, dass nun wahr wird, dass er einzig und allein nach dem Reich Gottes trachtet.

Trachte zuerst nach dem Reich Gottes, das heißt, werde wie die Lilie und der Vogel, das heißt, werde vor Gott vollkommen schweigsam: Dann wird euch alles Übrige zufallen.

## II

## »Niemand kann zwei Herren dienen: Entweder wird er den einen hassen und den andern lieben, oder er wird an dem einen hängen und den andern verachten.«

Mein Zuhörer! Du weißt, in der Welt ist oft von einem Entweder-oder die Rede; und dieses Entweder-Oder erregt großes Aufsehen und beschäftigt auf unterschiedlichste Weise unterschiedliche Köpfe, in Hoffnung, in Furcht, in reger Tätigkeit, in gespannter Untätigkeit und so weiter. Und du weißt, in derselben Welt ist auch die Rede davon, dass es kein Entweder-Oder gibt, und dass diese Weisheit ein ebenso großes Aufsehen erregt hat wie das bedeutungsvollste Entweder-Oder. Aber hier draußen, im Schweigen bei der Lilie und dem Vogel, sollte es hier irgendeinen Zweifel geben, dass es ein Entweder-Oder gibt; oder was dieses Entweder-Oder ist; oder ob dieses Entweder-Oder nicht im tiefsten Sinne das einzige Entweder-Oder ist?

Nein, in diesem feierlichen Schweigen nicht nur unter Gottes Himmel, sondern in diesem feierlichen Schweigen vor Gott ist jeder Zweifel ausgeschlossen. Es gibt ein Entweder-Oder: Entweder *Gott* – oder, nun ja, der Rest ist dann gleichgültig; was im Übrigen ein Mensch auch wählt, wenn er nicht Gott wählt, hat er das Entweder-Oder eingebüßt, oder er ist ein Verlorener bei seinem Entweder-Oder. Also: Entweder *Gott*; du siehst, das andere erfährt keinerlei Nachdruck, außer durch den Gegensatz zu Gott, wodurch der Nachdruck unendlich auf Gott liegt, so dass eigentlich er, indem er selbst Gegenstand der Wahl ist, die Entscheidung der Wahl ausdehnt, damit sie in Wahrheit ein Entweder-Oder wird. Könnte ein Mensch leichtsinnig oder schwermütig der Meinung sein, dort, wo Gott als das Eine gegenwärtig ist, sei doch eigentlich zwischen drei Dingen zu wählen: Dann ist er verloren, oder er hat Gott verloren, und deshalb gibt es für ihn eigentlich auch kein Entweder-Oder; denn mit Gott, das heißt, wenn die Gottesvorstellung schwindet oder verpfuscht wird, erlischt auch das Entweder-Oder. Doch wie sollte das jemandem widerfahren im Schweigen bei der Lilie und dem Vogel!

Also Entweder-Oder; entweder Gott, und wie das Evangelium es erklärt, entweder Gott lieben *oder* ihn hassen. Ja, wenn Lärm um dich ist oder wenn du zerstreut bist, erscheint dies fast als Übertreibung; es scheint ein allzu großer Abstand zwischen Lieben und Hassen zu sein, um sie so nah zusammenbringen zu dürfen, in einem Atemzug, einem einzigen Gedanken, in zwei Wörtern, die ohne Nebensätze, ohne eingeschobene Wörter für eine nähere Übereinkunft, ja, ohne das mindeste Satzzeichen unmittelbar aufeinanderfolgen. Aber wie ein Körper im luftleeren Raum mit unendlicher Geschwindigkeit fällt, so bewirkt auch das Schweigen dort bei Lilie und Vogel, das feierliche Schweigen vor Gott, dass die beiden Gegensätze in ein und demselben Augenblick abstoßend einander berühren, ja im selben Augenblick entstehen: entweder lieben oder hassen. So wenig es im luftleeren Raum ein Drittes gibt, das den Fall des Körpers hemmt, so wenig gibt es in diesem feierlichen Schweigen vor Gott ein Drittes, das dieses Lieben und Hassen auf hemmenden Abstand voneinander halten könnte. – Entweder Gott; und wie das Evangelium erklärt, entweder an ihm hängen *oder* ihn verachten. In der Gesellschaft von Menschen, in Handel und Wandel, im Umgang mit den Vielen scheint zwischen Anhänglichkeit und Verachtung ein großer Abstand zu bestehen; »ich brauche mit diesem Menschen nicht zu verkehren«, sagt man, »aber das heißt ja noch lange nicht, dass ich ihn verachte.« Das betrifft auch den Umgang mit den Vielen, mit denen man gesellig-oberflächlich verkehrt, ohne wesentliche Innigkeit und in mehr oder minder großer Gleichgültigkeit. Aber je geringer die Anzahl, je geringer im weiteren Sinne der gesellige Umgang wird, das heißt, je inniger er wird, desto eher wird ein Entweder-Oder für die Beziehung zur Regel; und der Umgang mit Gott ist im tiefsten Sinne und unbedingt ungesellig. Nimm nur zwei Liebende, eine Beziehung, die ebenfalls ungesellig ist, eben weil sie so innig ist; für die beiden und ihre Beziehung gilt: entweder hängen wir aneinander oder verachten einander. Und nun im Schweigen vor Gott bei der Lilie und dem Vogel, wo also absolut niemand zugegen ist, wo es also gar keinen anderen Umgang für dich gibt als den mit Gott, ja, dann gilt: entweder an ihm hängen oder ihn verachten. Da gibt es keine Entschuldigung, weil kein anderer zugegen ist, auf jeden Fall kein anderer dergestalt zugegen, dass du dich an ihn hängen kannst, ohne Gott zu verachten; denn eben dort, im Schweigen, wird deutlich, wie nahe Gott dir ist. Die beiden Liebenden sind einander so nah, dass der eine, solange der andere am Leben ist, nicht ohne diesen zu *verachten*, sich an einen anderen hängen kann; darin liegt das Entweder-Oder in dieser Beziehung. Denn ob dieses Entweder-Oder (entweder an jemandem hängen oder ihn verachten) besteht, hängt davon ab, wie nah die beiden einander sind. Aber Gott, der ja auch nicht stirbt, ist dir noch näher, unendlich näher als zwei Liebende sich nah sind, er, dein Schöpfer und Versorger, er, in dem du lebst, webst und bist, er, durch dessen Gnade du alles hast. Dieses entweder an Gott hängen oder ihn verachten ist also keine Übertreibung, es ist nicht das Gleiche, wie wenn ein Mensch für irgendeine Kleinigkeit ein Entweder-Oder geltend macht, ein Mensch, von dem man daher zu Recht sagt, er sei hitzköpfig. So ist es hier nicht. Denn zum einen ist Gott ja nun einmal Gott. Und zum andern macht er es nicht geltend, wenn es um Lappalien geht, er sagt nicht: »entweder eine Rose oder eine Tulpe.« Sondern er macht es geltend, wenn es um ihn selbst geht, und sagt: »entweder *ich* … entweder hängst du an mir, unbedingt und in allem, oder du – verachtest mich.« Anders könnte Gott wohl auch nicht von sich sprechen; sollte etwa Gott von sich sprechen, als wäre er nicht unbedingt die Nummer eins, als wäre er nicht der Einzige, unbedingt und alles, sondern bloß noch irgendetwas, einer, der sich Hoffnung machte, vielleicht auch so in Betracht zu kommen. Dann müsste ja Gott sich selbst verloren haben, müsste die Vorstellung von sich verloren haben, und wäre nicht mehr Gott.

Also im Schweigen bei der Lilie und dem Vogel gibt es ein Entweder-Oder, entweder Gott … und so verstanden, entweder ihn lieben oder – ihn hassen, entweder an ihm hängen oder – ihn verachten.

Was bedeutet dann dieses Entweder-Oder, was fordert Gott; denn Entweder-Oder ist eine Forderung, wie ja die Liebenden Liebe fordern, wenn der eine zum andern sagt: »Entweder … oder.« Aber Gott verhält sich dir gegenüber nicht wie ein Liebender, du dich ihm gegenüber ja auch nicht. Die Beziehung ist eine andere: die des Geschöpfes zum Schöpfer.

Was fordert er dann mit diesem Entweder-Oder? Er fordert Gehorsam, unbedingten Gehorsam; bist du nicht unbedingt gehorsam in allem, dann liebst du ihn nicht, und liebst du ihn nicht, dann – hasst du ihn; bist du nicht unbedingt gehorsam in allem, dann hängst du nicht an ihm, oder: hängst du nicht an ihm unbedingt und in allem, dann hängst du nicht an ihm, und hängst du nicht an ihm, dann – verachtest du ihn.

Diesen unbedingten Gehorsam – dass, wenn man Gott nicht liebt, ihn hasst, und wenn man nicht unbedingt und in allem an ihm hängt, ihn verachtet –, diesen unbedingten Gehorsam kannst du von jenen Lehrmeistern lernen, auf die das Evangelium deshalb hinweist, von der Lilie und dem Vogel. Indem man gehorchen lernt, lernt man herrschen, heißt es; aber noch gewisser ist, dass man andere Gehorsam lehren kann, wenn man selbst gehorsam ist. So verhält es sich mit der Lilie und dem Vogel. Sie haben nicht die Macht, den Lernenden zu zwingen, sie haben nur den eigenen Gehorsam als Zwingendes. Lilie und Vogel sind »die gehorsamen Lehrmeister«. Ist das nicht sonderbar? »Gehorsam« ist ja sonst das Wort, das den Lernenden zugeschrieben wird, von ihnen wird gefordert, gehorsam zu sein; aber hier sind es die Lehrmeister selbst, die gehorsam sind! Und worin unterrichten sie? In Gehorsam. Und wodurch unterrichten sie? Durch Gehorsam. Könntest du so gehorsam werden wie die Lilie und der Vogel, sollltest du durch Gehorsam auch Gehorsam lehren können. Da aber weder du noch ich so gehorsam sind, lass uns von der Lilie und dem Vogel lernen:

*Gehorsam.*

Dort draußen bei der Lilie und dem Vogel ist das Schweigen, sagten wir. Aber dieses Schweigen oder was wir von ihm lernen wollten, nämlich schweigsam zu werden, ist die erste Bedingung, um in Wahrheit gehorchen zu können. Wenn alles um dich feierliches Schweigen ist, wie da draußen, und wenn in dir Schweigen ist, dann vernimmst du, und zwar mit dem Nachdruck der Unendlichkeit, die Wahrheit dieses Wortes: »Du sollst den Herrn, deinen Gott, lieben, und ihm allein dienen«; und du vernimmst, dass »du« es bist, du, der Gott so lieben soll, du allein in der ganzen Welt, du, der ja allein in der Umgebung des feierlichen Schweigens ist, so allein, dass auch jeder Zweifel und jeder Einwand, jede Entschuldigung und jede Ausflucht und jede Frage, kurz eine jede Stimme in deinem Innern zum Schweigen gebracht ist, eine jede Stimme, das heißt, jede andere Stimme als die Gottes, die um dich und in dir durch das Schweigen zu dir spricht. Gab es nie um dich und in dir ein solches Schweigen, dann lerntest und lernst du auch niemals Gehorsam. Aber hast du Schweigen gelernt, wirst du es auch schaffen, Gehorsam zu lernen.

Beachte die Natur, die dich umgibt. In der Natur ist alles Gehorsam, unbedingter Gehorsam. Hier »geschieht Gottes Wille wie im Himmel also auch auf Erden«; oder wenn jemand die heiligen Worte auf andere Weise anführt, sie passen trotzdem: Hier, in der Natur, »geschieht Gottes Wille auf Erden wie im Himmel«. In der Natur ist alles unbedingter Gehorsam; und nicht nur – wie auch in der Menschenwelt –, weil Gott der Allmächtige ist, geschieht hier nichts ohne seinen Willen, nicht einmal das Geringste, nein, sondern auch, weil alles unbedingter Gehorsam ist. Aber das ist doch wohl ein unendlicher Unterschied; denn eine Sache ist es, dass weder der feigste noch der trotzigste menschliche Ungehorsam, dass der Ungehorsam weder eines einzelnen Menschen noch der ganzen Menschheit das Geringste gegen seinen Willen ausrichten kann, gegen ihn, den Allmächtigen – eine andere ist, dass sein Wille geschieht, weil alles ihm unbedingt gehorcht, weil es keinen anderen Willen gibt als seinen im Himmel und auf Erden; und das ist in der Natur der Fall. In der Natur gilt, wie die Schrift sagt, »es fällt kein Sperling zur Erde ohne seinen Willen«; und nicht nur, weil er der Allmächtige ist, sondern weil alles unbedingter Gehorsam und sein Wille der einzige ist: Nicht der geringste Widerspruch, nicht ein Wort, nicht ein Seufzer ist da zu hören; der unbedingt gehorsame Sperling fällt unbedingt gehorsam zur Erde, wenn es sein Wille ist. Alles in der Natur ist unbedingter Gehorsam. Das

Säuseln des Windes, der Widerhall des Waldes, das Rieseln des Bachs, das Summen des Sommers, das Flüstern der Blätter, das Wispern des Grases, ein jeder Laut, jedes Geräusch, das du hörst, alles ist Gehorchen, unbedingter Gehorsam, so dass du Gott darin hören kannst, wie du ihn in der Musik hören kannst, die durch die gehorsame Bewegung der Himmelskörper entsteht. Und die Gewalt des heftigen Wetters und die leichte Gefügigkeit der Wolke und die tropfenförmige Flüssigkeit des Meeres und sein Zusammenhalt und die Schnelligkeit des Lichtstrahls und die noch größere des Schalls: Das ist alles Gehorsam. Und der Aufgang der Sonne mit dem Glockenschlag und ihr Untergang mit dem Glockenschlag und das Drehen des Windes auf einen Wink und der Wechsel steigenden und sinkenden Wassers der Gezeiten und die Übereinkunft zwischen den Jahreszeiten im pünktlichen Wechsel: alles, alles, es ist alles zusammen Gehorsam. Ja, gäbe es einen Stern am Himmel, der seinen eigenen Willen haben wollte, oder ein Staubkorn auf Erden: Sie würden im selben Augenblick und genauso mühelos zu nichts. Denn in der Natur ist alles nichts, und zwar so verstanden: Es ist nichts anderes als unbedingt Gottes Wille, im selben Augenblick, in dem es nicht unbedingt Gottes Wille ist, hört es auf zu sein.

Lasst uns die Lilie und den Vogel also näher und menschlich betrachten, um Gehorsam zu lernen. Lilie und Vogel gehorchen Gott unbedingt. Darin sind sie Meister. Wie es sich für Lehrmeister gehört, verstehen sie es, das meisterlich zu treffen, was die meisten Menschen leider verpassen und verfehlen: das Unbedingte. Denn eines verstehen die Lilie und der Vogel unbedingt nicht – worauf sich die meisten Menschen leider bestens verstehen: Halbheit. Dass ein kleiner Ungehorsam nicht auch unbedingter Ungehorsam sein soll, das können die Lilie und der Vogel nicht verstehen, und das wollen sie nicht. Dass der kleinste, allerkleinste Ungehorsam in Wahrheit einen anderen Namen haben soll als: Verachtung für Gott – das verstehen die Lilie und der Vogel nicht und wollen es nicht verstehen. Dass man etwas anderem oder jemand anderem *gleichzeitig* neben Gott dienen kann und dass dies nicht gleichzeitig bedeutet, Gott zu verachten: Das können und wollen der Vogel und die Lilie nicht verstehen. Welch wunderbare Sicherheit darin, sein Leben im Unbedingten zu treffen und zu haben! Und doch, o ihr tiefsinnigen Lehrmeister, sollte es denn möglich sein, dass woanders als im Unbedingten Sicherheit zu finden wäre, da doch das Bedingte an sich Unsicherheit ist! Dann sollte ich mich vielleicht eher anders ausdrücken, ich sollte nicht die Sicherheit bewundern, mit der sie das Unbedingte treffen, sondern eher sagen, dass genau das Unbedingte ihnen die bewundernswerte Sicherheit verleiht, die sie zu Lehrmeistern des Gehorsams macht. Denn die Lilie und der Vogel sind Gott unbedingt gehorsam, sie sind im Gehorsam so einfältig oder so erhaben, *dass sie glauben, dass alles, was geschieht, unbedingt Gottes Wille ist und dass sie gar nichts anderes auf der Welt zu verrichten haben, als entweder unbedingt gehorsam Gottes Willen zu erfüllen oder sich unbedingt gehorsam Gottes Willen zu fügen.*

Ob die Stelle, die der Lilie zugewiesen ist, wirklich so unglücklich wie nur möglich liegt, dass leicht vorauszusehen ist, dass sie ihr Leben lang ganz überflüssig sein und von keinem Einzigen, der sich über sie freuen könnte, bemerkt werden wird; ob die Stelle und die Umgebung – ja, da hab ich vergessen, dass ich von der Lilie spreche – so »verzweifelt« unglücklich liegt, dass sie nicht nur nicht gesucht, sondern gemieden wird: Die gehorsame Lilie findet sich gehorsam mit den Umständen ab und blüht auf in all ihrer Herrlichkeit. Wir Menschen oder ein Mensch an ihrer Stelle würde wohl sagen: »Das ist schwer, das ist nicht auszuhalten, wenn man Lilie ist und herrlich wie die Lilie, dass einem sein Platz an so einer Stelle zugewiesen wird, um in einer Umgebung zu blühen, die so ungünstig wie nur möglich liegt, wie geschaffen, um den Eindruck seiner Herrlichkeit zunichte zu machen, nein, das ist nicht auszuhalten, da widerspricht sich der Schöpfer doch selbst!« So würde wohl ein Mensch oder so würden wir Menschen denken und reden, wenn wir an der Stelle der Lilie wären und dort vor Gram verwelkten. Doch die Lilie denkt anders, sie denkt so: »Ich habe die Stelle und die Umstände ja nicht selber aussuchen können, das ist also nicht im entferntesten meine Sache; dass ich stehe, wo ich stehe, ist Gottes Wille.« So denkt die Lilie; und dass sie richtig denkt und es wirklich Gottes Wille ist, sieht man ihr an; denn sie ist herrlich – nicht einmal Salomo in all seiner Herrlichkeit war so gekleidet. Oh, wenn es einen Unterschied gäbe zwischen einer Lilie und einer Lilie in Herrlichkeit, müsste dieser Lilie hier der Preis zuerkannt werden: Sie hat eine Herrlichkeit mehr; denn als Lilie herrlich zu sein, ist eigentlich keine Kunst, aber unter diesen Umständen herrlich zu sein, in einer solchen Umgebung, die alles dafür tut, das zu verhindern, in einer solchen Umgebung vollständig man selbst zu sein und sich selbst zu bewahren, über die Macht der ganzen Umgebung zu spotten, nein, nicht zu spotten, das tut die Lilie nicht, sondern einfach sorglos zu sein in all ihrer Herrlichkeit! Denn trotz der Umgebung ist die Lilie sie selbst, weil sie Gott unbedingt gehorsam ist; und weil sie Gott unbedingt gehorsam ist, ist sie unbedingt sorglos, was, besonders unter solchen Umständen, nur der unbedingt Gehorsame sein kann. Und weil sie – was einander direkt und umgekehrt entspricht – ganz und gar sie selbst und unbedingt sorglos ist: Deshalb ist sie herrlich. Nur durch unbedingten Gehorsam kann man unbedingt genau »die Stelle« treffen, an der man stehen soll; und wenn man sie unbedingt trifft, versteht man auch, dass es unbedingt gleichgültig ist, ob »die Stelle« dann ein Misthaufen ist. – Ob es sich für die Lilie so unglücklich wie nur möglich trifft, dass genau der Augenblick ihres Aufblühens so ungünstig ist, dass sie fast mit Gewissheit vorausahnen kann, in diesem selben Augenblick geknickt zu werden, so dass ihre Entstehung ihr Untergang wird, ja, es sogar den Anschein hat, dass sie nur entsteht und herrlich wird, um unterzugehen: Die gehorsame Lilie nimmt es gehorsam hin, sie weiß, es ist Gottes Wille, und sie blüht auf – sähest du sie in diesem Augenblick: Es wäre ihr nicht im Geringsten anzusehen, dass ihr Aufblühen gleichzeitig ihr Untergang wäre, so voll entwickelt, so reich und schön blühte sie auf, so reich und schön ginge sie – denn alles wäre ja nur ein Augenblick –, ginge sie unbedingt gehorsam ihrem Untergang entgegen. Ein Mensch oder wir Menschen würden an ihrer Stelle bei dem Gedanken, Entstehung und Untergang seien eins, wohl verzweifeln und uns dann vor Verzweiflung selber daran hindern, das zu werden, was wir hätten werden können, und sei es nur für einen Augenblick. Anders die Lilie; sie wäre unbedingt gehorsam und würde deshalb sie selbst in Herrlichkeit werden, sie schöpfte wirklich all ihre Möglichkeit aus, unbeirrt, unbedingt unbeirrt von der Vorstellung, dass derselbe Augenblick ihr Tod sein würde. Oh, wenn es einen Unterschied gäbe zwischen einer Lilie und einer Lilie in Herrlichkeit, müsste dieser Lilie hier der Preis zuerkannt werden; sie hätte eine Herrlichkeit mehr, nämlich trotz der Gewissheit, im selben Augenblick unterzugehen, so herrlich zu sein. Und wahrhaftig, mit dem Untergang vor Augen Mut und Glauben zu haben, in aller Herrlichkeit zu entstehen: Das vermag nur unbedingter Gehorsam. Einen Menschen würde, wie gesagt, die Gewissheit des Untergangs beirren, er würde seine Möglichkeit nicht ausschöpfen, er würde nicht das werden, was ihm selbst bei kürzestem Dasein doch vergönnt gewesen wäre. »Wozu?«, würde er sagen, oder »Warum?«, würde er sagen, oder »Wozu das alles?«, womit er seine Möglichkeit nicht verwirklichen würde, sondern schuld daran wäre, verkümmert und unschön noch vor dem Augenblick unterzugehen. Nur unbedingter Gehorsam kann unbedingt genau den »Augenblick« treffen; nur unbedingter Gehorsam kann den Augenblick nutzen, unbedingt unbeirrt vom nächsten Augenblick.

Obwohl der Vogel, wenn der Augenblick der Reise gekommen ist, in seinem Kopf genau weiß, dass es ihm gut geht, so wie es ihm geht, dass er also durch die Reise das Gewisse loslässt, um nach dem Ungewissen zu greifen, tritt der gehorsame Vogel die Reise doch augenblicklich an; einfältig, mit Hilfe des unbedingten Gehorsams, versteht er nur das eine, das aber versteht er unbedingt: dass der Augenblick jetzt unbedingt gekommen ist. – Wenn den Vogel die Härte dieses Lebens trifft, wenn er von Widrigkeiten und Misserfolgen geprüft wird, wenn er tagelang morgens sein Nest zerstört vorfindet: Der gehorsame Vogel beginnt täglich aufs Neue die Arbeit mit derselben Lust und Sorgfalt wie beim ersten Mal: Einfältig, mit Hilfe des unbedingten Gehorsams, versteht er das eine, das aber versteht er unbedingt: dass dies seine Arbeit ist, seine einzige Aufgabe. – Wenn der Vogel die Bosheit dieser Welt erfahren muss, wenn der kleine Singvogel, der zur Ehre Gottes singt, sich damit abfinden muss, dass ein ungezogenes Kind Spaß daran hat, ihn spöttisch nachzuäffen, um dadurch, wenn möglich, die Feierlichkeit zu stören; oder wenn der einsame Vogel eine Umgebung gefunden hat, die er liebt, einen Zweig, auf dem er besonders gern sitzt, mit dem er überdies vielleicht die teuersten Erinnerungen verknüpft – und es kommt ein Mensch, der Vergnügen darin findet, ihn durch Steinwürfe oder anderes von dieser Stelle zu verjagen, ein Mensch, der im Bösen so unermüdlich ist, wie der Vogel, obwohl vertrieben und verscheucht, darin unermüdlich ist, zu seiner Liebe und an seinen alten Platz zurückzukehren: Der gehorsame Vogel findet sich unbedingt mit allem ab; einfältig, mit Hilfe des unbedingten Gehorsams, versteht er nur das eine, das aber versteht er unbedingt: dass ihn nämlich alles, was ihm widerfährt, nur uneigentlich betrifft, oder richtiger, was ihn eigentlich und unbedingt betrifft, Folgendes ist: Gott unbedingt gehorsam zu sein und sich dem zu fügen.

So also die Lilie und der Vogel, von denen wir lernen sollen. Deshalb sollst du nicht sagen: »Der Lilie und dem Vogel fällt es leicht, gehorsam zu sein, sie können ja nichts anderes, oder sie können nicht anders; auf diese Art ein Muster an Gehorsam zu werden heißt ja, aus der Notwendigkeit eine Tugend zu machen.« Das sollst du nicht sagen, du sollst überhaupt nichts sagen, du sollst schweigen und gehorchen, damit es, selbst wenn es der Lilie und dem Vogel gelingt, auch dir gelingen möge, aus der Notwendigkeit eine Tugend zu machen. Denn auch du bist der Notwendigkeit unterworfen; Gottes Wille geschieht ja ohnehin, also strebe danach, aus der Notwendigkeit eine Tugend zu machen, indem du unbedingt gehorsam Gottes Willen tust. Gottes Wille geschieht ja ohnehin, sieh also zu, aus der Notwendigkeit eine Tugend zu machen, indem du dich unbedingt gehorsam Gottes Willen fügst, so unbedingt gehorsam, dass du im Hinblick darauf, Gottes Willen zu tun und sich seinem Willen zu fügen, wahrhaft von dir sagen kannst: »Ich kann nichts anderes, ich kann nicht anders.«

Danach sollst du streben und sollst bedenken – einerlei wie es sich mit Lilie und Vogel verhält, ob unbedingter Gehorsam dem Menschen wirklich schwerer fällt –, dass es dann wieder für den Menschen eine Gefahr gibt, die es ihm, wenn ich so sagen darf, eigentlich leichter machen müsste, gehorsam zu sein: die Gefahr nämlich, Gottes Geduld zu verscherzen. Denn hast du jemals dein Leben ernsthaft betrachtet oder das Leben der Menschen, die Menschenwelt, die sich so sehr von der Natur unterscheidet, wo alles unbedingter Gehorsam ist, hast du jemals diese Betrachtung angestellt und ohne Schaudern vernommen, wie wahr es doch ist, dass Gott sich den »Gott der Geduld« nennt, dass er dieser Gott, der Entweder-Oder sagt, so verstanden, entweder mich liebt oder – hasst, entweder an mir hängt oder mich – verachtet, dass er dieser Gott die Geduld hat, dich und mich und uns alle zu ertragen! Wenn Gott ein Mensch wäre, was dann? Seit wie langer, langer, langer Zeit müsste er meiner dann – um mich selbst zu nehmen – müde und überdrüssig sein, es satt haben, mit mir zu tun zu haben, und, aber mit ganz anderem Recht, gesagt haben wie menschliche Eltern, »dieses Kind ist garstig und kränklich und dumm und schwer von Begriff, und wenn doch wenigstens etwas Gutes an ihm wäre, aber es steckt so viel Böses in ihm – das hält kein Mensch aus«. Nein, das hält kein Mensch aus, dazu ist nur der Gott der Geduld imstande.

Und nun denk an die zahllosen Menschen, die leben! Wir reden davon, es sei eine Geduldsarbeit, Lehrer für kleine Schulkinder zu sein; nun stell dir aber Gott vor, der Lehrer für diese zahllosen Menschen sein muss, welch eine Geduld! Und was die Forderung an die Geduld unendlich größer macht: Wo nämlich Gott der Lehrer ist, leiden die Kinder mehr oder weniger alle an der Einbildung, sie seien erwachsene Menschen, eine Einbildung, von der die Lilie und der Vogel vollkommen frei sind, und sicher fällt ihnen gerade deshalb der unbedingte Gehorsam so leicht. »Das fehlte noch«, würde ein menschlicher Lehrer sagen, »das fehlte noch, dass sich die Kinder einbilden, sie seien erwachsene Menschen, dann müsste man die Geduld verlieren und verzweifeln; denn das würde kein Mensch aushalten.« Tatsächlich, kein Mensch könnte das aushalten; das kann nur der Gott der Geduld. Siehst du, deshalb nennt Gott sich den Gott der Geduld. Und er weiß schon, was er sagt. Dass er darauf verfällt, sich so zu nennen, geschieht nicht aus einer Laune heraus; er wechselt nicht die Laune, das wäre ja Ungeduld. Er weiß es seit Ewigkeit, er weiß es aus Abertausenden Jahren täglicher Erfahrung, er weiß seit Ewigkeit, solange die Zeitlichkeit besteht und darin das Menschengeschlecht, muss er der Gott der Geduld sein, denn sonst wäre der menschliche Ungehorsam nicht auszuhalten. Im Verhältnis zur Lilie und zum Vogel ist Gott der väterliche Schöpfer und Versorger, nur im Verhältnis zum Menschen ist er der Gott der Geduld. Schon wahr, das ist ein Trost, ein höchst erforderlicher und unbeschreiblicher Trost, deshalb heißt es auch in der Schrift: Gott ist der Gott der Geduld und – »des Trostes«; aber zugleich ist es ja eine furchtbar ernste Sache, dass Gott nur wegen des menschlichen Ungehorsams der Gott der Geduld ist, eine furchtbar ernste Sache, dass der Mensch die Geduld des Herrn nicht missbraucht. Der Mensch entdeckte bei Gott eine Eigenschaft, welche die Lilie und der Vogel, die stets unbedingt gehorsam sind, nicht kannten; oder Gott war liebevoll genug zum Menschen, ihm zu offenbaren, dass er diese Eigenschaft hat, dass er die Geduld ist. Also entspricht ja in gewissem Sinne – o schreckliche Verantwortung! –, also entspricht dem Ungehorsam des Menschen in gewissem Sinne die Geduld Gottes. Das ist der Trost, aber unter furchtbarer Verantwortung. Der Mensch muss wissen, selbst wenn alle Menschen ihn aufgäben, selbst wenn er nicht weit davon wäre, sich selbst aufzugeben, so ist doch Gott der Gott der Geduld. Das ist ein unschätzbarer Reichtum. Aber verwende es richtig, denk daran, es ist ein Guthaben; um Gottes willen, verwende es richtig, sonst stürzt es dich in noch größeres Elend, verwandelt sich in sein Gegenteil, ist nicht mehr Trost, sondern wird die allerschrecklichste Anklage gegen dich. Erscheint es dir also als zu harte Rede – obwohl sie nicht härter ist als die Wahrheit –, dass die Tatsache, sich nicht unbedingt und in allem an Gott zu hängen, »unverzüglich« bedeutet – ihn zu verachten? Dass seine Geduld zu missbrauchen bedeutet, Gott zu verachten, kann doch wohl keine zu harte Rede sein!

Achte also gut darauf, nach Anweisung des Evangeliums von der Lilie und dem Vogel Gehorsam zu lernen. Lass dich nicht abschrecken, verzweifle nicht, wenn du dein Leben mit dem dieser Lehrmeister vergleichst. Es gibt keinen Grund zur Verzweiflung, denn du sollst ja von ihnen lernen; und das Evangelium tröstet dich zunächst durch die Aussage, dass Gott der Gott der Geduld sei, dann aber hinzufügt: »Du sollst von der Lilie und dem Vogel lernen, unbedingt gehorsam zu sein, lernen, nicht zwei Herren zu dienen; denn niemand kann zwei Herren dienen, es geht nur entweder … oder.«

Wenn du es aber schaffst, wie die Lilie und der Vogel unbedingt gehorsam zu sein, hast du gelernt, was du lernen solltest, und das hast du von der Lilie und dem Vogel gelernt (und wenn du es vollständig gelernt hast, bist du so vollkommen geworden, dass Lilie und Vogel nicht mehr Lehrmeister sind, sondern zum Bild werden), du hast gelernt, nur *einem* Herrn zu dienen, ihn allein zu lieben und unbedingt in allem an ihm zu hängen. Dann sollte auch das Gebet, das natürlich ohnehin erfüllt wird, durch dich erfüllt werden, wenn du zu Gott betest: »Dein Wille geschehe wie im Himmel so auf Erden«; denn durch unbedingten Gehorsam ist ja dein Wille mit Gottes Wille eins, so dass also Gottes Wille, wie er im Himmel ist, durch dich auf Erden geschieht. Und dann sollte auch dieses dein Gebet erhört werden, wenn du betest: »Führe uns nicht in Versuchung«; denn wenn du Gott unbedingt gehorsam bist, ist in dir nichts Zweideutiges, und wenn in dir nichts Zweideutiges ist, bist du lautere Einfalt vor Gott. Eins aber gibt es, das von keiner Durchtriebenheit des Satans und keiner Schlinge der Versuchung überrumpelt oder gefangen werden kann, das ist die Einfalt. Wonach Satan scharfsinnig als sein Opfer ausspäht – was aber weder bei der Lilie noch beim Vogel vorhanden war; worauf alle Versuchung zielt, ihres Opfers sicher – was aber weder bei der Lilie noch beim Vogel vorhanden war: ist das Zweideutige. Wo das Zweideutige ist, ist die Versuchung, und nur allzu leicht der Stärkere. Wo aber das Zweideutige ist, ist auf irgendeine Art auch der Ungehorsam im Untergrund; genau deshalb ist bei der Lilie und dem Vogel keinerlei Zweideutiges, da sie zutiefst und überall auf unbedingtem Gehorsam gründen; und eben weil bei der Lilie und dem Vogel nichts Zweideutiges ist, ist es unmöglich, sie in Versuchung zu führen. Der Satan ist ohnmächtig, wo nichts Zweideutiges ist, die Versuchung ist ohnmächtig, wo nichts Zweideutiges ist, genau wie der Vogelfänger mit seiner Schlinge, wenn sich kein Vogel blicken lässt; aber nur der Hauch, nur die kleinste Ahnung des Zweideutigen: Schon ist der Satan stark und die Versuchung unwiderstehlich; und scharfsinnig ist er, der Böse, dessen Schlinge Versuchung heißt und dessen Opfer die Seele des Menschen ist. Dabei kommt die Versuchung gar nicht von ihm, aber nichts, absolut nichts Zweideutiges ist vor ihm geheim zu halten; und wenn er es entdeckt, ist die Versuchung bei ihm. Der Mensch aber, der sich durch unbedingten Gehorsam in Gott verbirgt, ist unbedingt sicher; aus seinem sicheren Versteck kann er den Teufel sehen, aber der Teufel kann ihn nicht sehen. Aus seinem sicheren Versteck; denn wie scharfsinnig der Teufel in Bezug auf die Zweideutigkeit ist, so blind wird er, wenn er die Einfalt sieht, er wird blind, ist geschlagen mit Blindheit. Doch nicht ohne Schaudern betrachtet ihn der unbedingt Gehorsame; dieser funkelnde Blick, der aussieht, als könnte er Erde und Meer und das tiefste Geheimnis des Herzens durchdringen, was er auch kann – und dass er doch mit diesem Blick … dass er doch blind ist! Wenn aber derjenige, der die Schlinge der Versuchung legt, blind ist im Vergleich zu dem, der durch unbedingten Gehorsam in Gott verborgen ist: dann gibt es ja für ihn keine Versuchung; denn »Gott versucht niemanden«. So ist sein Gebet erhört worden: »Führe uns nicht in Versuchung«, das heißt, lass niemals zu, dass ich mich durch Ungehorsam aus meinem Versteck wage, und soweit ich doch an einem Ungehorsam schuldig bin, jage mich nicht sofort aus meinem Versteck, ohne das ich augenblicklich in Versuchung geführt werde. Und bleibt er dann durch unbedingten Gehorsam in seinem Versteck, ist er auch »erlöst von dem Bösen«.

Niemand kann zwei Herren dienen, entweder wird er den einen lieben und den andern hassen, oder er wird an dem einen hängen und den andern verachten, ihr könnt nicht Gott und dem Mammon dienen, nicht Gott und der Welt, nicht Gut und Böse.

Es gibt also zwei Mächte: Gott und die Welt, Gut und Böse; und der Grund, warum der Mensch nur *einem* Herrn dienen kann, ist wohl der, dass die beiden Mächte, obwohl die eine von beiden die unendlich stärkere ist, miteinander auf Leben und Tod im Streit liegen. Diese ungeheure Gefahr, in der sich also der Mensch durch sein Menschsein befindet – und der die Lilie und der Vogel in ihrem unbedingten Gehorsam, der glückliche Unschuld bedeutet, entgehen; denn um sie streiten nicht Gott und die Welt, auch nicht Gut und Böse – diese ungeheure Gefahr, dass »der Mensch« zwischen diese beiden ungeheuren Mächte gestellt und die Wahl ihm überlassen ist, diese ungeheure Gefahr bewirkt, dass man entweder lieben oder hassen muss, dass nicht lieben gleichbedeutend ist mit hassen; denn so feindlich stehen sich die beiden Mächte gegenüber, dass die geringste Neigung zur einen Seite von der anderen Seite als unbedingtes Gegenteil verstanden wird. Wenn der Mensch diese ungeheure Gefahr vergisst, in der er sich befindet, und die wohlgemerkt eine Gefahr ist, bei der es wahrlich kein zweckmäßiges Gegenmittel ist, sie einfach zu vergessen; wenn der Mensch vergisst, dass er sich in dieser ungeheuren Gefahr befindet, wenn er meint, er sei nicht in Gefahr, wenn er sogar »Friede« sagt und nicht »Gefahr«: dann muss ihm die Rede des Evangeliums wie eine lachhafte Übertreibung vorkommen. Aber es kommt ihm gerade deshalb so vor, weil er so in der Gefahr versunken und verloren ist, dass er sich weder vorstellen kann, wie sehr Gott ihn liebt und dass er eben aus Liebe unbedingten Gehorsam fordert, noch sich vorstellen kann, wie groß die Macht und List des Bösen und wie groß seine eigene Schwäche ist. Und der Mensch ist von Anfang an zu kindisch, um das Evangelium verstehen zu können und zu wollen; dessen Rede vom Entweder-Oder erscheint ihm als unwahre Übertreibung: dass die Gefahr so groß sei, dass unbedingter Gehorsam vonnöten sein soll; dass die Forderung nach unbedingtem Gehorsam in Liebe gründen soll – das will dem Menschen nicht in den Kopf.

Was tut nun das Evangelium? Das Evangelium, das die Weisheit der Erziehung ist, lässt sich nicht auf einen Gedanken- oder Wortstreit mit dem Menschen ein, um ihm das zu *beweisen*; es weiß schon: So ist der Mensch nicht, dass er alles gleich versteht und daraufhin beschließt, unbedingt zu gehorchen – nein, es ist umgekehrt: Erst durch unbedingtes Gehorchen versteht der Mensch, dass es sich so verhält, wie das Evangelium sagt. Deshalb wendet das Evangelium Strenge an und sagt: Du *sollst*. Aber im selben Moment wird es sanfter, so müsste es selbst den Verstocktesten anrühren können; es nimmt dich gleichsam an die Hand und macht es wie der liebevolle Vater mit seinem Kind, es sagt: »Komm, lass uns zur Lilie und zum Vogel hinausgehen.« Dort fährt es fort: »Schau die Lilie und den Vogel an, überlasse dich ihnen, versenke dich in sie; bewegt dich dieser Anblick nicht?« Wenn dich dann das feierliche Schweigen bei der Lilie und dem Vogel bewegt, erklärt das Evangelium weiter: »Warum aber ist dieses Schweigen so feierlich? Weil es Ausdruck unbedingten Gehorsams ist, mit dem alles nur *einem* Herrn dient, nur *einem* sich dienend zuwendet, geeint in vollkommener Einigkeit, in *einem* großen Gottesdienst – so lass dich von diesem großen Gedanken ergreifen, denn all das ist nur *ein* Gedanke, und lerne von der Lilie und dem Vogel.« Wirklich, vergiss nicht, du *sollst* von der Lilie und dem Vogel lernen, du sollst unbedingt gehorsam sein wie die Lilie und der Vogel. Bedenke, es war die Sünde des Menschen, die – indem man nicht *einem* Herrn dienen wollte oder indem man einem andern Herrn dienen wollte oder indem man zwei, ja, mehreren Herren dienen wollte – die Schönheit der ganzen Welt trübte, wo vorher alles sehr gut gewesen war, es war seine Sünde, die Zwietracht stiftete in einer Welt der Einigkeit; und bedenke, dass jede Sünde Ungehorsam ist und jeder Ungehorsam Sünde.

## III

## »Seht die Vögel unter dem Himmel an; sie säen nicht, sie ernten nicht, sie sammeln nicht in die Scheunen« – unbekümmert um den morgigen Tag. »Betrachtet das Gras auf dem Feld – das heute steht«.

Tu dies und lerne:

*Freude.*

So lass uns die Lilie und den Vogel betrachten, diese fröhlichen Lehrmeister. Die »fröhlichen Lehrmeister«, ja, denn du weißt, die Freude ist mitteilsam; weshalb keiner die Freude besser unterrichtet als derjenige, der selbst fröhlich ist. Eigentlich muss der Lehrer der Freude nichts anderes tun, als fröhlich zu sein, oder selbst die Freude zu sein; wie sehr er sich auch bemüht, Freude mitzuteilen – wenn er nicht selbst fröhlich ist, ist der Unterricht unvollkommen. Somit ist nichts leichter, als Freude zu unterrichten –

ach, man braucht nur selber wirklich fröhlich zu sein. Aber dieses »ach« ist schon ein Hinweis, dass es doch nicht so leicht ist – nämlich selber dauernd fröhlich zu sein; denn dass es leicht ist, Freude zu unterrichten, wenn man selber fröhlich ist: Nichts ist sicherer.

Dort draußen aber bei Lilie und Vogel, oder dort, wo Lilie und Vogel Freude unterrichten, ist immer Freude. Und somit kommen die Lilie und der Vogel nie in Verlegenheit wie bisweilen ein menschlicher Lehrmeister, dessen Lehrstoff auf Papier geschrieben ist oder in seinen Büchern steht, kurzum woanders, und den er nicht immer dabeihat; nein, *dort*, wo die Lilie und der Vogel Freude unterrichten, ist immer Freude – sie ist ja in der Lilie und dem Vogel. Welch eine Freude, wenn der Morgen dämmert und der Vogel früh zur Freude des Tages erwacht; welch eine Freude, wenn auch in anderem Ton, wenn der Abend naht und der Vogel fröhlich seinem Nest entgegeneilt; und welch eine Freude den ganzen langen Sommertag über! Welch eine Freude, wenn der Vogel – der nicht nur wie ein fröhlicher Arbeiter bei seiner Arbeit singt, sondern dessen wesentliche Arbeit das Singen selbst ist – fröhlich sein Lied anstimmt; welch neue Freude, wenn auch der Nachbar von nebenan beginnt und der von gegenüber und dann der ganze Chor einstimmt, welch eine Freude; und wenn dann schließlich so etwas wie ein Meer aus Tönen Wald und Tal, Himmel und Erde erklingen lässt, ein Meer aus Tönen, in dem jener, der den Ton angegeben hat, sich nun vor lauter Freude tummelt wie nie: welche Freude, welche Freude! Und so das ganze Vogelleben hindurch; überall und immer findet er etwas oder richtiger: genug, worüber er sich freuen kann; er verschwendet keinen einzigen Augenblick, würde aber jeden Augenblick als verschwendet ansehen, in dem er nicht fröhlich gewesen ist. – Welch eine Freude, wenn der Tau die Lilie erquickt, die sich nun abgekühlt auf die Ruhe vorbereitet; welch eine Freude, wenn sich die Lilie nach dem Bad genießerisch im ersten Sonnenstrahl trocknen lässt; und welch eine Freude den ganzen langen Sommertag über! Schau sie dir an; betrachte – die Lilie, und betrachte – den Vogel; und jetzt, sieh sie zusammen! Welch eine Freude, wenn sich der Vogel bei der Lilie versteckt, wo er sein Nest und es so unbeschreiblich gemütlich hat, während er zum Zeitvertreib mit der Lilie scherzt und schäkert! Welch eine Freude, wenn der Vogel von der Höhe seines Zweiges oder von noch höher, hoch oben vom Himmel glückselig das Nest beobachtet und die Lilie, die lächelnd ihren Blick zu ihm emporrichtet! Seliges, glückliches Dasein, so reich an Freude! Oder ist die Freude vielleicht geringer, weil es, engstirnig verstanden, so wenig braucht, um sie fröhlich zu machen? Nein, dies engstirnige Verständnis ist wohl eher ein Missverständnis, ein höchst trauriges und erbärmliches dazu; denn eben die Tatsache, dass es nur wenig braucht, um sie fröhlich zu machen, ist der Beweis, dass sie selbst die Freude sind und die Freude selbst. So ist es doch, oder? Falls das, worüber man sich freut, ein reines Nichts gewesen ist, und man doch in Wahrheit unbeschreiblich fröhlich, wäre das doch der schlagendste Beweis, dass man selbst die Freude ist und die Freude selbst – wie es die Lilie und der Vogel sind, die fröhlichen Lehrmeister der Freude, die eben, weil sie *unbedingt fröhlich* sind, die Freude selbst sind. Derjenige nämlich, dessen Freude von gewissen Bedingungen abhängt, ist nicht die Freude selbst; seine Freude ist ja von Bedingungen abhängig, sie ist eine bedingte Freude. Wer aber die Freude selbst ist, der ist unbedingt fröhlich, genauso wie umgekehrt: Wer unbedingt fröhlich ist, ist die Freude selbst. O uns Menschen bereiten die Bedingungen, um fröhlich zu werden, viel Mühe und Sorge – selbst wenn wir alle Bedingungen hätten, würden wir vielleicht trotzdem nicht unbedingt fröhlich. Doch, nicht wahr, ihr tiefsinnigen Lehrmeister der Freude, es kann ja gar nicht anders sein; denn mit Hilfe, auch mit Hilfe aller Bedingungen, ist es unmöglich, mehr oder anders als bedingt fröhlich zu werden; Bedingungen und das Bedingte entsprechen ja einander. Nein, unbedingt fröhlich wird nur derjenige, der die Freude selbst ist, und nur, indem man unbedingt fröhlich ist, wird man die Freude selbst.

Doch könnte man nicht kurz skizzieren, auf welche Weise eigentlich die Freude der Inhalt dieses Unterrichts ist, den Lilie und Vogel geben, oder was der Inhalt ihres Unterrichts in Freude ist; das heißt, könnte man nicht kurz die Denkbestimmungen, die Kategorien ihres Unterrichts skizzieren? Ja, das ist leicht; denn so einfältig Lilie und Vogel auch sind, gedankenlos sind sie bestimmt nicht. Also, das ist leicht; und vergessen wir nicht, es ist in dieser Hinsicht schon eine außerordentliche Verkürzung, dass die Lilie und der Vogel selbst sind, was sie unterrichten, und selbst ausdrücken, worin sie als Lehrer unterrichten. Es ist – im Unterschied zu der unmittelbaren und ersten Ursprünglichkeit, dass die Lilie und der Vogel im strengsten Sinne aus erster Hand das innehaben, worin sie unterrichten – die erworbene Ursprünglichkeit. Und diese erworbene Ursprünglichkeit in der Lilie und dem Vogel, die ist ja wieder Einfalt; denn ob ein Unterricht einfältig ist, beruht nicht so sehr auf dem Gebrauch simpler und alltäglicher oder hochtrabender und gelehrter Ausdrücke, nein, das Einfältige besteht darin, dass der Lehrer selbst das ist, worin er unterrichtet. Bei der Lilie und dem Vogel ist das der Fall. Doch ihr Unterricht in Freude, der wiederum ihr Leben ausdrückt, ist in aller Kürze Folgendes: Es gibt ein Heute, es *ist*; ja, auf dieses »ist« wird unendlicher Nachdruck gelegt; es gibt ein Heute – und es gibt keine, absolut keine Sorge um den morgigen Tag oder den anderen Morgen. Das ist kein Leichtsinn von der Lilie und dem Vogel, sondern die Freude des Schweigens und des Gehorsams. Denn wenn du schweigst in dem feierlichen Schweigen, das in der Natur herrscht, dann existiert kein Morgen; und wenn du gehorchst, wie die Schöpfung gehorcht, dann existiert kein Morgen, jener unselige Tag, der die Erfindung der Redseligkeit und des Ungehorsams ist. Wenn aber das Morgen aufgrund des Schweigens und des Gehorsams nicht existiert, dann ist im Schweigen und im Gehorsam das Heute, es *ist* – und so ist die Freude, wie sie in der Lilie und dem Vogel ist.

Was ist Freude, was ist fröhlich sein? Es bedeutet, in Wahrheit sich selbst gegenwärtig zu sein; doch sich selbst in Wahrheit gegenwärtig zu sein, das ist dieses »Heute«, dieses heute *sein*, in Wahrheit *heute sein*. Und im selben Maße, wie es wahrer ist, dass du heute *bist*, im selben Maße, wie du dir durch die Tatsache, dass du heute bist, gegenwärtiger bist, in dem Maße existiert der morgige Tag, der unglückliche Tag für dich nicht. Die Freude ist die gegenwärtige Zeit, mit allem Nachdruck: *die gegenwärtige Zeit*. Deshalb ist Gott selig, er, der ewig sagt: »heute«; er, der sich ewig und unendlich gegenwärtig ist, indem er heute ist. Und deshalb sind die Lilie und der Vogel die Freude, da sie sich durch Schweigen und unbedingten Gehorsam ganz gegenwärtig sind, indem sie heute sind.

»Aber«, sagst du, »der Lilie und dem Vogel, denen fällt das leicht.« Die Antwort: Mit einem Aber darfst *du* nicht kommen – doch lerne so von der Lilie und dem Vogel, dir ganz gegenwärtig zu sein, indem du heute bist, dann bist du auch die Freude. Doch, wie gesagt, kein Aber; denn im Ernst, du *sollst* von Lilie und Vogel Freude lernen. Noch weniger darfst du dich selber wichtig nehmen und – da doch nun Lilie und Vogel einfältig sind und vielleicht, um zu fühlen, dass du Mensch bist – witzig sein wollen und von einem Morgen sprechen und sagen, »der Lilie und dem Vogel, denen fällt das leicht, die müssen sich nicht einmal mit dem morgigen Tag herumplagen, aber der Mensch, der sich ja nicht nur um den morgigen Tag sorgt, was er essen soll, sondern auch um den gestrigen, was er gegessen hat – und nicht bezahlt!« Nein, keine Witze, die ungezogen den Unterricht stören. Sondern lerne, fang doch wenigstens an, von der Lilie und dem Vogel zu lernen. Denn niemand dürfte doch ernstlich der Meinung sein, dass das, worüber sich Vogel und Lilie freuen, es nicht wert sei, sich darüber zu freuen! Also, dass du wurdest, dass du bist, dass du »heute« das Nötige erhältst, um zu sein; dass du wurdest, dass du Mensch wurdest; dass du sehen kannst – denke doch: dass du sehen kannst, dass du hören kannst, dass du riechen kannst, dass du schmecken kannst, dass du fühlen kannst; dass die Sonne für dich scheint – und zwar deinetwegen, und wenn sie müde wird, dass dann der Mond aufgeht und die Sterne aufziehen; dass es Winter wird, dass sich die ganze Natur verkleidet, fremd spielt – und um dich zu vergnügen; dass es Frühling wird und die Vögel in Schwärmen kommen – um dich zu erfreuen; dass das Grün keimt, dass der Wald sprießt und schön wird und in festlicher Pracht dasteht – um dich zu erfreuen; dass es Herbst wird, dass der Vogel abreist, nicht um sich zu zieren, o nein, sondern damit du ihn nicht satt bekommst, dass der Wald seinen Schmuck für das nächste Mal aufhebt, all das, damit du dich nächstes Mal wieder erfreuen kannst: das alles sollte kein Grund zur Freude sein?! O wenn ich doch schimpfen dürfte; aber aus Achtung vor der Lilie und dem Vogel darf ich nicht, und deshalb, anstatt zu sagen, das sei kein Grund zur Freude, will ich sagen: Wenn man sich darüber nicht freuen kann, gibt es gar nichts, worüber man sich freuen kann. Denk dran, dass Lilie und Vogel die Freude sind, und doch haben sie ja, so gesehen, viel weniger, worüber sie sich freuen können als du, der sich auch noch über die Lilie und den Vogel freuen kann. Lerne deshalb von der Lilie und lerne vom Vogel, die die Lehrmeister sind: zu *sein*, *heute* zu sein, und die *Freude* zu sein. Kannst du beim Anblick von Lilie und Vogel, die ja die Freude selbst sind, nicht fröhlich sein und bereit sein, von ihnen zu lernen: dann bist du ein ähnlicher Fall wie das Kind, über das der Lehrer sagt: »Mangel an Begabung ist es nicht, außerdem ist die Sache so leicht, dass von Mangel an Begabung keine Rede sein kann; es muss was anderes sein, vielleicht doch nur eine Unpässlichkeit, die man nicht gleich zu streng nehmen und als Widerwille oder gar Bockigkeit verstehen darf.«

So sind die Lilie und der Vogel Lehrmeister der Freude. Und doch haben beide ja auch ihre Sorgen, wie die ganze Natur ihre Sorgen hat; seufzt nicht alle Schöpfung unter der Vergänglichkeit, der sie gegen ihren Willen unterworfen wurde? Alles ist der Vergänglichkeit unterworfen! Der Stern, wie fest er auch am Himmel steht, ja, der am festesten steht, muss doch seinen Ort im Fall verändern, und wer nie seine Stellung veränderte, muss sie doch eines Tages verändern, indem er in den Abgrund stürzt; und diese ganze Welt, mit allem, was darin ist, muss gewechselt werden, wie man ein Kleid wechselt, wenn man es ablegt, Beute der Vergänglichkeit! Und die Lilie, selbst wenn sie dem Schicksal entgeht, sofort in den Ofen geworfen zu werden, muss doch verdorren, nachdem sie zuvor schon so manches erlitten hat. Und der Vogel, selbst wenn er an Altersschwäche sterben darf, muss doch eines Tages sterben, getrennt von der Geliebten, nachdem er zuvor schon so manches erlitten hat. O das alles ist ganz vergänglich, und alles wird eines Tages eine Beute der Vergänglichkeit. Es ist alles ganz vergänglich, ganz vergänglich, das ist der *Seufzer* – denn der Vergänglichkeit unterworfen sein, das ist, was ein Seufzer bedeutet: Gefangenschaft, Gebundenheit, Kerker; und der Inhalt des Seufzers ist: Vergänglichkeit, Vergänglichkeit!

Und doch sind die Lilie und der Vogel unbedingt fröhlich; und daran erkennst du gut, wie wahr es ist, wenn das Evangelium sagt: »Von der Lilie und dem

Vogel *sollst* du die Freude lernen.« Einen besseren Lehrmeister kannst du auch nicht verlangen als denjenigen, der so unbedingt fröhlich und die Freude selbst ist, obwohl er an so unendlich tiefer Sorge trägt.

Was machen nun die Lilie und der Vogel mit dieser Tatsache, die einem Wunder gleicht: in tiefster Sorge unbedingt fröhlich zu sein; wenn es so ein furchtbares Morgen gibt, dann zu *sein*, das heißt, heute unbedingt fröhlich zu sein – wie verfahren sie damit? Sie verfahren ganz simpel und einfältig damit – das tun Lilie und Vogel immer – und räumen doch dieses Morgen weg, als existierte es gar nicht. Ein Wort des Apostels Paulus hat es der Lilie und dem Vogel angetan, sie haben es, einfältig wie sie sind, ganz wörtlich genommen – ach, und genau dass sie es wörtlich nehmen, genau das hilft ihnen. Es liegt eine ungeheure Macht in diesem Wort, wenn es wörtlich verstanden wird; wenn es nicht wortwörtlich verstanden wird, ist es mehr oder weniger ohnmächtig, letztendlich bloß eine nichtssagende Redensart; es braucht allerdings unbedingte Einfalt, um es unbedingt wörtlich zu nehmen. »*Alle* eure Sorge werft *auf Gott.*« Sieh, das tun Lilie und Vogel unbedingt. Mit Hilfe unbedingten Schweigens und unbedingten Gehorsams werfen sie – ja, wie die stärkste Wurfmaschine etwas schleudert und mit einer Leidenschaft, mit der man wegwirft, was man am meisten verabscheut – *alle* ihre Sorge von sich; und werfen sie – mit einer Sicherheit, über die nur die zuverlässigste Schusswaffe verfügt, und mit einem Glauben und Vertrauen, mit denen nur der geübteste Schütze trifft – *auf Gott*. Im selben Moment – und dieser Moment ist vom ersten Augenblick an da, ist heute, ist gleichzeitig mit dem ersten Augenblick, in dem er existiert –, im selben Moment sind sie unbedingt fröhlich. Wundersame Geschicktheit! All seine Sorge so auf einmal fassen und so geschickt von sich werfen zu können und so sicher das Ziel zu treffen! Doch das tun die Lilie und der Vogel, deshalb sind sie im selben Moment unbedingt fröhlich. Und das hat ja vollkommen seine Ordnung; denn Gott der Allmächtige, er trägt die ganze Welt und alle Sorgen der Welt – auch die der Lilie und des Vogels – mit unendlicher Leichtigkeit. Welch unbeschreibliche Freude! Die Freude nämlich über Gott den Allmächtigen.

Lerne also von der Lilie und dem Vogel, lerne die Geschicktheit des Unbedingten. Schon wahr, es ist ein wundersames Kunststück; aber deshalb sollst du umso genauer auf die Lilie und den Vogel achten. Es ist ein wundersames Kunststück, und wie das »Kunststück der Sanftmut« enthält es einen Widerspruch, oder anders: Es ist ein Kunststück, das einen Widerspruch löst. Das Wort »werfen« lässt an die Anwendung von Kraft denken, als müsste man alle seine Kräfte zusammennehmen und durch ungeheure Kraftanstrengung, also mit Macht die Sorge von sich

»werfen«; und doch ist »Macht« eben gerade nicht anzuwenden. Was angewendet werden muss, und zwar unbedingt, ist Nachgiebigkeit; und doch soll man die Sorge von sich »werfen«! Und soll »alle« Sorge von sich werfen; wirft man nicht alle Sorge von sich, behält man ja viel oder etwas oder wenig von ihr übrig, wird nicht fröhlich, geschweige denn unbedingt fröhlich. Und wirft man sie nicht unbedingt *auf Gott*, sondern woandershin, wird man sie nicht unbedingt los; sie kommt auf die eine oder andere Weise wieder, und meist noch größer und bitterer. Denn die Sorge von sich zu werfen – aber nicht auf Gott –, ist nichts anderes als »Zerstreuung«. Aber Zerstreuung ist ein zweifelhaftes und zweideutiges Mittel gegen die Sorge. Hingegen unbedingt alle Sorge auf Gott werfen ist »Sammlung«, und zwar – ja, verwunderliches Kunststück des Widerspruchs! – eine *Sammlung*, durch die du alle Sorge unbedingt *zerstreust*, also unbedingt *loswirst*.

Lerne also von der Lilie und dem Vogel. Wirf all deine Sorge auf Gott! Aber die Freude sollst du nicht wegwerfen, im Gegenteil, die sollst du mit all deiner Macht und mit allen Lebenskräften festhalten. Tust du das, ist die Rechnung einfach, dann behältst du immer etwas Freude; denn wenn du alle Sorge wegwirfst, behältst du ja allein übrig, was du an Freude besitzt. Das jedoch wird nur wenig helfen. Deshalb lerne weiter von der Lilie und dem Vogel. Wirf all deine Sorge auf Gott, gänzlich, unbedingt, wie Lilie und Vogel es tun: Dann wirst du unbedingt fröhlich wie sie. Das nämlich ist die unbedingte Freude: die Allmacht anzubeten, mit der Gott der Allmächtige all deine Sorge so leicht trägt wie nichts. Und die unbedingte Freude ist auch (was der Apostel hinzufügt): anbetend glauben zu dürfen, »dass Gott für dich sorgt«. Die unbedingte Freude ist eben die Freude über Gott, über den und in dem du dich immer unbedingt freuen kannst. Kannst du das nicht, liegt der Fehler unbedingt bei dir, an deiner Ungeschicktheit darin, all deine Sorge auf ihn zu werfen, an deinem Widerwillen, an deinem Eigendünkel und deinem Eigensinn, kurzum daran, dass du nicht wie die Lilie und der Vogel bist. Nur eine Sorge gibt es, in der Lilie und Vogel nicht Lehrmeister sein können, über die wir hier deshalb auch nicht sprechen: die Sorge der Sünde. Für jede andere Sorge gilt: Wenn du nicht unbedingt fröhlich wirst, liegt die Schuld bei dir, weil du nämlich nicht von Lilie und Vogel lernen willst, dich durch unbedingtes Schweigen und unbedingten Gehorsam unbedingt über Gott zu freuen.

Eins noch. Vielleicht sagst du mit dem »Dichter«: »Ja, wer beim Vogel bauen und wohnen könnte, heimlich in der Einsamkeit des Waldes, wo der Vogel und seine Frau ein Paar sind, wo aber sonst keine Gesellschaft ist; oder wer gemeinsam mit der Lilie im Frieden des Feldes leben könnte, wo jede Lilie sich um ihre eigenen Angelegenheiten kümmert und wo keine Gesellschaft ist: dem fiele es leicht, all seine

Sorgen auf Gott zu werfen und unbedingt fröhlich zu sein oder zu werden. Denn die ›Gesellschaft‹, genau die Gesellschaft ist das Unglück, dass der Mensch das einzige Wesen ist, das sich und andere mit der unglückseligen Einbildung von einer Gesellschaft und von der Glückseligkeit der Gesellschaft plagt, und umso mehr wenn die Gesellschaft, zu seinem und ihrem Verderben, größer wird.« So sollst du freilich nicht reden; nein, betrachte die Sache näher und gestehe beschämt, dass es doch eigentlich die trotz der Sorge unaussprechliche Liebesfreude ist, mit der Vogelmännchen und Vogelweibchen ein Paar sind, und die trotz der Sorge selbstzufriedene Freude der Ledigen, mit der die Lilie ledig ist: dass es eigentlich diese Freude ist, die bewirkt, dass die Gesellschaft sie nicht stört; denn Gesellschaft ist doch da. Betrachte die Sache noch näher und gestehe beschämt, dass es doch eigentlich das unbedingte Schweigen und der unbedingte Gehorsam sind, mit denen Vogel und Lilie sich unbedingt über Gott freuen – dass doch eigentlich Schweigen und Gehorsam bewirken, dass Lilie und Vogel gleich fröhlich sind und gleich unbedingt fröhlich in Einsamkeit und in Gesellschaft. Also lerne du von der Lilie und dem Vogel.

Und wenn du lernst, ganz wie die Lilie und der Vogel zu werden, ach, und wenn ich es lerne, dann sollte auch die Bitte in dir und mir wahr werden, die letzte Bitte im »Gebet«, das (vorbildlich für jedes wahre Gebet, das sich ja fröhlich und fröhlicher und unbedingt fröhlich beten lässt) schließlich nichts, überhaupt nichts mehr zu bitten und zu begehren hat, sondern unbedingt fröhlich in Lobpreisung und Anbetung endet, die Bitte: »Dein ist das Reich und die Macht und die Ehre«. Ja, *sein* ist das Reich; und deshalb hast *du* unbedingt zu schweigen, damit du dir nicht störend anmerken lässt, dass du existierst, sondern durch die Feierlichkeit unbedingten Schweigens ausdrückst, dass das Reich sein ist. Und *sein* ist die Macht; und deshalb hast du unbedingt zu gehorchen und dich unbedingt gehorsam in alles zu fügen, denn er ist die Macht. Und *sein* ist die Ehre; und deshalb hast du in allem, was du tust, und in allem, was du erleidest, unbedingt noch das eine zu tun: ihm die Ehre zu geben, denn die Ehre ist sein.

O unbedingte Freude: Sein ist das Reich und die Macht und die Ehre – in Ewigkeit. »In Ewigkeit«, sieh diesen Tag, den Tag der Ewigkeit, er hat nie ein Ende. Halte deshalb nur unbedingt fest daran, dass das Reich und die Macht und die Ehre in Ewigkeit sein ist, dann gibt es für dich ein »Heute«, das nie ein Ende hat, ein Heute, in dem du dir selbst ewig gegenwärtig sein kannst. Lass den Himmel zusammenstürzen und die Sterne ihre Stellung verändern in der Umwälzung des Alls, lass den Vogel sterben und die Lilie verwelken: Deine Freude in der Anbetung und du in deiner Freude überleben doch noch *heute* jeden Untergang. Denk daran, was dich, wenn nicht als Mensch, so doch als Christ betrifft, dass christlich gesehen selbst die Gefahr des Todes für dich so unbedeutend ist, dass es heißt: »Noch *heute* bist du im Paradies«, und also der Übergang von der Zeitlichkeit, also der irdischen Welt, zur Ewigkeit – kein Abstand ist größer – so schnell vonstattengeht, und sei's durch den Untergang des Alls, doch so schnell, dass du noch *heute* im Paradies bist, da du ja christlich *in Gott bleibst*. Du bleibst in Gott, ob du lebst oder stirbst, ob es in deinem Leben nach Wunsch geht oder nicht, ob du heute stirbst oder in siebzig Jahren, ob du deinen Tod auf dem Grunde des Meeres findest, wo es am tiefsten ist, oder ob du in die Luft gesprengt wirst: Aus Gott kommst du nicht heraus, du *bleibst*, also dir selbst gegenwärtig, in Gott und bist deshalb an deinem Todestag noch heute im Paradies. Der Vogel und die Lilie leben nur einen Tag, aber einen sehr kurzen Tag, und sind doch die Freude, weil sie, wie dargelegt wurde, zu Recht *heute* sind und in diesem »Heute« *sich selbst gegenwärtig*. Und du, dem der längste Tag vergönnt ist: heute zu leben und noch heute im Paradies zu sein, solltest du nicht unbedingt fröhlich sein, du, der den Vogel an Freude sogar weit, weit übertreffen sollte, denn du könntest ihn an Freude übertreffen, was dir doch jedes Mal versichert wird, wenn du dieses Gebet betest, und dem du auch jedes Mal näherkommst, wenn du aus tiefster Seele dieses Gebet der Freude betest: »Dein ist das Reich und die Macht und die Ehre – in Ewigkeit. Amen.«

Frank Witzel

# Drama und Ironie des Glaubens

## Zu Kierkegaards *Drei Reden, Gott betreffend*

Wer sich den Schriften Kierkegaards nähert, gerät in Gefahr, sich schon bald in einem unübersichtlichen Labyrinth von Erzählungen, Theorien und Parabeln zu verlieren, die, von einer Anzahl Pseudonymen verfasst, sich nicht selten gegeneinander positionieren. Kierkegaard ist ein Autor, der sich in seinem Schaffen einerseits immer ganz nah an der eigenen Existenz und damit auch seiner Zeit bewegte, andererseits ein eigenes Universum von Personen und Texten schuf, das ohne Vorkenntnisse nur schwer zu durchqueren ist. Sich dabei hilfesuchend an den Verfasser selbst zu wenden, erscheint nicht ratsam, da selbst dort, wo er beteuert, es mit einer Auskunft ernst zu meinen, Skepsis angebracht ist, denn dieser »Ernst« wird sich immer nur auf einen bestimmten Kontext, einen bestimmten Zeitabschnitt, eine bestimmte Phase seines Schaffens beziehen. Zudem würde er als ausgewiesener Ironiker die Möglichkeit eines Ernstes, kaum dass er ihn benannt hat, schon wieder infrage stellen. So fallen seine hier in neuer Übersetzung von Peter Urban-Halle versammelten *Drei Reden, Gott betreffend* eindeutig in die Kategorie der Glaubenslehre, nur dass das, was Kierkegaard unter Glauben versteht, sich ganz wesentlich von dem Begriff unterscheidet, wie er sowohl landläufig als auch offiziell in den Amtskirchen Verwendung findet.

Die aktuelle Rezeption läuft somit Gefahr, gleich auf zwei Problemfelder zu stoßen, die einen unvoreingenommenen Zugang erschweren. Zum einen ist da der vordergründig christliche Charakter der *Reden*, der in Form und Inhalt unmittelbar an Predigten erinnert, zum anderen, wird diese Hürde genommen, erscheinen die von Kierkegaard anhand von Bibelstellen ausgeführten Gedanken auf den ersten Blick vertraut und beinahe banal und erwecken aus diesem Grund kein rechtes Interesse. Das aber ist die ganz bewusste Absicht des Autors. Kierkegaard betrachtet es als Kennzeichen seiner »christlichen« Schriften, dass sie, im Gegensatz etwa zum »faszinierenden« *Tagebuch eines Verführers*, uninteressant und langweilig scheinen, weil sich für ihn genau darin die christliche Haltung, im Vergleich etwa zur ästhetischen oder ethischen, ausdrückt. Auch wenn Kierkegaard im Unterschied zu den meisten seiner anderen Schriften, die er unter verschiedenen Pseudonymen veröffentlichte, hier das Gewicht seines wirklichen Namens in die Waagschale wirft, arbeitet er weiter daran, den Eindruck der Person, die sich hinter diesem Namen verbirgt, innerhalb der sozialen Gemeinschaft zu schwächen, weil sich für ihn das Wesen des religiösen

Menschen durch eine generelle Weltabgewandtheit auszeichnet. Kierkegaard betont, dass es nicht seine vornehmliche Absicht war, ein »christlicher Autor« zu werden, aber wie bei fast allen Äußerungen Kierkegaards, der bereits seine Doktorarbeit nicht ohne Grund über die Ironie bei Sokrates verfasste, verbirgt sich auch hier eine Doppelbödigkeit, da die fehlende Absicht keineswegs auf eine Entschuldigung oder gar Trivialisierung seines Werdegangs hindeuten soll, sondern ganz im Gegenteil auf eine Zwangsläufigkeit verweist, die sich dem individuellen Wollen entzieht. Gleichzeitig betont Kierkegaard die schiere Unmöglichkeit, ein christlicher Autor zu sein, und findet dafür das Bild des Spions, da sich der christliche Autor mit einem geheimen Auftrag unter den Menschen bewegt, immer bemüht, seine wahre Identität zu verbergen: »Ich bin wie ein Spion in höherem Auftrag, dem Auftrag einer Idee. Ich habe nichts Neues zu verkünden, ich bin ohne Autorität; selbst versteckt in einer Täuschung, gehe ich nicht direkt, sondern indirekt-verschlagen voran; ich bin kein Heiliger – kurz, ich bin wie ein Spion, der sich durch sein Spionieren über Vergehen, Illusionen und verdächtige Dinge informiert, aber in Ausübung dieser Überwachung selbst unter striktester Überwachung steht.«

Ebenso mehrfach zu deuten ist die Behauptung, »ohne Autorität« zu sein, da mit dieser fehlenden Autorität zum einen die Autorität des von der Amtskirche eingesetzten Predigers gemeint ist, Sinnbild einer Struktur, gegen die sich Kierkegaard immer wieder mit Vehemenz wandte, sich Kierkegaard zum anderen mit dieser Einschätzung auf die fehlende Autorität des Menschen gegenüber Gott bezieht, ein grundlegender Aspekt innerhalb seines Entwurfs einer christlichen Philosophie, die ihre Unmöglichkeit immer mitbedenkt und deshalb gerade bei seinen »erbaulichen« Schriften von uns mitgedacht werden muss. Aber noch aus einem dritten Grund ist der ausgestellt »uninteressante« und scheinbar von aller Ironie und ästhetischem Ballast befreite Stil von Kierkegaards *Reden* trügerisch, denn hier werden ohne ausdrückliche Kennzeichnung Gedanken vorgetragen, die aus dem größeren Kontext von Kierkegaards zuvor entwickelter Philosophie stammen und leicht überlesen werden können.

Tatsächlich sind viele von Kierkegaards Hauptwerken zur Zeit der Abfassung dieser Reden, 1848/1849, bereits geschrieben, darunter der erste Teil von *Entweder-Oder*, *Die Wiederholung*, *Furcht und Zittern*, die *Philosophischen Brocken*, *Der Begriff Angst* und die *Stadien auf dem Lebensweg*. Auch folgen wir Kierkegaard hier nicht in der üblicherweise von ihm angewandten mehrstimmigen Entwicklung unterschiedlicher Gedankengänge, sondern befinden uns gleich mitten in seiner Philosophie, die das Ergebnis seiner Denkarbeit voraussetzt und das, was daraus zu schließen ist, gleich zu Beginn benennt: »... dass wir diesmal von dem Vogel und der Lilie lernen mögen: Schweigen, Gehorsam, Freude!« Da ist zum einen die Wiederholung (»dass wir diesmal ...«), die nicht nur repetiert, sondern in einem erneuten Nachgehen Eigenes schafft, zum anderen Kierkegaards Lehre von den drei Stadien, dem ästhetischen, ethischen und christlichen. Auch wenn sie oft als aufeinander folgend und sich gegenseitig ablösend betrachtet werden, würde Kierkegaard nicht von einer Überwindung oder gar dialektischen »Aufhebung« der ersten beiden Stadien sprechen, um zum christlichen Glauben zu gelangen, vielmehr flankieren sie diesen als ungenügender Ausdruck menschlichen Wollens, enthalten aber in ihrer Beschränkung dennoch bereits das, was über sie hinausweist. Bis wir jedoch im Bereich der Ästhetik zum Schweigen gelangen, muss einiges besprochen und reflektiert werden; ebenso wird eine Ethik kaum mit dem Gehorsam beginnen, sondern ihn durch längere Vorbereitung innerhalb einer entsprechenden Praxis entwickeln.

Im Gegensatz zu den ersten beiden Zuständen, Schweigen und Gehorsam, lässt sich die Freude scheinbar leichter erlangen. Doch täuscht das nicht? Wir dürfen Freude nicht mit dem Vergnügen verwechseln, das uns unmittelbar in das ästhetische Stadium zurückführt und dort vor allem dazu dient, die drohende Langeweile zu bekämpfen, die nur zeitweise vergessen, nie aber überwunden werden kann. So besteht der grundlegende Widerspruch des »ästhetischen« Menschen darin, die anlasslose Freude zu suchen, jedoch nicht bereit zu sein, das Vergnügen aufzugeben, ganz so wie es von Mystikern, Mönchen und Gotttrunkenen seit Jahrhunderten vorexerziert wird. Die »falsche« Freude des Ästhetikers zeigt sich bereits im Umstand ihres unmittelbaren Auftauchens in Verbindung mit dem Willen, den sie fördert, so wie dieser umgekehrt in ihrem Dienst steht. Das Nicht-Wollen ist hier lediglich zeitweise Unterordnung unter einen anderen, stärkeren Willen, gegen den jedoch weiterhin opponiert wird, das Schweigen hingegen vorgespielte Ausdruckslosigkeit im Sinne von Camus' Definition »Glauben machen, dass man nichts meint oder fühlt«. Dass sowohl Schweigen als auch Gehorsam jedoch in Zusammenhang mit Freude stehen könnten, scheint dem Ästheten nicht einsichtig: Er will die Welt, und er will sie jetzt.

Es war nicht lange vor seinem Suizid, dass Kurt Tucholsky eine dreistufige Treppe in sein Notizbuch zeichnete und die Stufen aufsteigend mit den Begriffen: »Sprechen, Schreiben, Schweigen« beschriftete. Biographisch ist diese Treppe leicht als Weg des Verstummens, nicht nur des Schriftstellers Tucholsky vor dem Weltgeschehen, sondern auch des Menschen Tucholsky der eigenen Existenz gegenüber zu deuten. Mit Kierkegaard könnte man sagen, Tucholskys

Treppe beschreibt eine durchaus folgerichtige Stufenleiter, allerdings lediglich innerhalb des ästhetischen Stadiums, weshalb dort, wo Tucholsky das Ende sah, tatsächlich ein zweites Stadium folgt, nämlich das der Ethik, in dem eine zweite solche Treppe existiert, etwa, ich phantasiere jetzt, mit den Stufen Gemeinsinn, Gerechtigkeit, Gehorsam, die wiederum keinen absoluten Endpunkt markiert, sondern übergeht in die christliche Frohe Botschaft, die deshalb »froh« ist, weil sie auf nichts Weiteres mehr verweist, sondern selbst voraussetzungslose, nicht an Widersacher wie Langeweile oder Ungehorsam gekoppelte Freude ist.

Es gibt hier allerdings ein ganz grundsätzliches Problem, denn die Stadien sind weder säuberlich voneinander getrennt, noch bearbeiten sie verschiedene Aufgabenbereiche, vielmehr ähneln sie sich zwangsläufig in vielen Punkten, da sie sich lediglich auf unterschiedliche Weise mit denselben menschlichen Gegebenheiten auseinanderzusetzen versuchen. Um Kierkegaards »Stadienlehre« kurz zu umreißen, die zum Verständnis seiner *Reden* von nicht zu unterschätzender Bedeutung ist, sei zumindest erwähnt, dass das ästhetische Stadium von Eigenschaften wie Individualität, Leidenschaft und Kreativität geprägt ist, gleichzeitig von Egoismus, Verantwortungslosigkeit und fehlender Treue. Im Gegensatz zu diesem vorwiegend konkret individuellen Stadium, ist das ethische Stadium eher abstrakt und unpersönlich.

Kreativität spielt hier nur eine untergeordnete Rolle, dafür überwiegen Verantwortung und Rationalität. Das christliche Stadium hingegen scheint wie eine Synthese der ersten beiden, denn es ist individuell und dennoch selbstlos, dabei kreativer als die Ästhetik und treuer als die Ethik. Beinahe klingt es, als befänden wir uns in der Hegel'schen Dialektik, dessen Gedankengebäude doch zu jenen philosophischen Ansätzen gehört, gegen die sich Kierkegaard in seinem Denken wandte, doch löst sich dieser Anschein unmittelbar auf, wenn wir uns in Erinnerung rufen, dass es bei Kierkegaard eben nicht um eine idealistische Entwicklung des Denkens hin zum Weltgeist geht, sondern immer um die konkrete und damit individuelle Existenz. In welchem Stadium man sich etwa befindet, ist deshalb nicht abhängig von der eigenen Zuordnung, sondern vom konkreten Handeln. Und was das religiöse Stadium angeht, das nur durch den Sprung in den Glauben zu erreichen ist, so herrscht hier nicht allein die angekündigte Freude, sondern gleichzeitig eine nicht aufzulösende Diskrepanz, die Kierkegaard als »Drama« bezeichnet, ein Drama, in dem Krisis und Katharsis in das Widerspiel zwischen Endlichkeit und Ewigkeit verlagert sind und den ganzen Einsatz eines »Ritters des Glaubens« erfordern.

Genau an dieser Stelle jedoch, an der das menschliche Drama entsteht, erscheint gleichzeitig die für Kierkegaard so entscheidende Lebenshaltung, die weit über eine bloße rhetorische Figur hinausgeht: die Ironie. Für Kierkegaard ist eine »wahrhaftige menschliche Existenz« ohne Ironie nicht denkbar, da sie die Grundlage jeglicher Subjektivität bildet und an ihrem Anfang steht, ähnlich dem Zweifel, aus dem sich die Philosophie entwickelt. In der *Abschließenden unwissenschaftlichen Nachschrift* lässt Kierkegaard Johannes Climacus dazu Folgendes sagen: »Ironie entsteht, indem die Partikularien des Endlichen beständig mit den unendlichen Forderungen des Ethischen verbunden werden, damit der Widerspruch in Erscheinung tritt«. Die Ironie ist für Kierkegaard auch Antidot gegen Hegel, der mit seinem Begriff der »Sittlichkeit« als Sinnbild des ethischen Stadiums die Grenzen zwischen Individuum und Gesellschaft verschwimmen lässt und dadurch die Entwicklung menschlicher Subjektivität verhindert. Hegel mag vor keinem »Oder« zurückschrecken und selbst Gott und Teufel miteinander »versöhnen«, eins gelingt aber selbst ihm nicht: die Ironie aufzulösen. Es mag erstaunen, aber die Ironie ist für Kierkegaard Ausdruck des christlichen Stadiums. Dass sie bei Ethik und Moral nichts zu suchen hat, leuchtet unmittelbar ein, allerdings scheint sie doch Teil des ästhetischen Repertoires zu sein. Da sie hier jedoch lediglich zur Unterhaltung dient und nichts von den Tiefen der »unaufhörlichen Resignation« weiß, bleibt sie schaler Reflex, der die menschliche Existenz unberührt lässt. Hier lauert die Gefahr einer »unendlich absoluten Negativität«. »Sie«, so schreibt Kierkegaard in seiner Doktorarbeit, »ist Negativität, denn sie negiert nur; sie ist unendlich, denn sie negiert nicht dieses oder jenes Phänomen; sie ist absolut, denn das, in dessen Kraft sie negiert, ist ein Höheres, das doch nicht ist. Die Ironie etabliert das Nichts, denn das, was etabliert werden soll, liegt hinter ihr.« Kierkegaard teilt mit Hegel die Befürchtung, dass eine romantisch-ästhetische Anschauung diese »unendlich absolute Negativität« hervorbringen könnte, ist aber im Gegensatz zu ihm der Auffassung, dass dies nicht notgedrungen geschehen muss, da, wie Johannes Climacus schreibt, »die Anwesenheit der Ironie nicht zwangsläufig bedeutet, dass jede Ernsthaftigkeit ausgeschlossen ist. Nur Assistenz-Professoren sind dieser Ansicht.« Kierkegaard geht es um eine »kontrollierte Ironie«. »Wenn nämlich die Ironie erst beherrscht ist, so nimmt sie die entgegengesetzte Bewegung zu der, in der sie unbeherrscht ihr Leben verkündet. Die Ironie limitiert; verendlicht, begrenzt und gibt dadurch Wahrheit, Wirklichkeit, Inhalt; sie züchtigt und straft und gibt dadurch Haltung und Konsistenz. Die Ironie ist ein Zuchtmeister, den nur der fürchtet, der ihn nicht kennt, den aber der liebt, der ihn kennt.« Eine Anwendung dieser Form der Ironie findet Kierkegaard bei Goethe: »Sie war ein dem Dichter dienender Geist. Auf der einen Seite rundet die einzelne Dichtung sich durch die Ironie in sich selber ab; auf der anderen Seite erweist das einzelne Dichterwerk sich als Moment, und dadurch rundet die ganze Dichterexistenz sich in sich selber durch die Ironie ab.« Und noch ein Letztes zum Begriff der Ironie bei Kierkegaard: Gleich zu Beginn seiner Dissertation macht er einen Unterschied zwischen »System« und »Ironie« auf, wobei »das System unendlich beredt, die Ironie unendlich schweigsam ist«. Das heißt, wir müssen uns eine Vorstellung von Kierkegaards Ironiebegriff machen, der Ernsthaftigkeit, Kontrolle und Schweigen miteinschließt.

Da Kierkegaard gleich zu Beginn seiner ersten Rede auf den Dichter zu sprechen kommt, exemplarischer Vertreter des ästhetischen Stadiums, ist an dieser Stelle noch einmal festzuhalten, dass auch diejenigen Stadien in und an sich belassen und bei aller Kritik in ihren jeweiligen zur Entwicklung des Individuums beitragenden Qualitäten anerkannt werden, die dem christlichen Stadium vorausgehen. So adressiert Kierkegaard mit dem vertraulichen Du auch immer sich selbst, denn seine dichterische Größe hatte er zu diesem Zeitpunkt bereits in zahlreichen Schriften unter Beweis gestellt. »Aber vielleicht sagst du mit dem ›Dichter‹, und das gefällt dir sehr, wenn der Dichter so spricht: O wär ich doch bloß ein Vogel oder wie ein Vogel«. In diesem Aufbau ist der Dichter nicht nur Stellvertreter einer Denkart, der ästhetischen, sondern wird vielmehr in seinem Versuch ernst genommen, die eigene Existenz zu erfassen. Und gerade weil er ernst genommen wird, findet Kierkegaard drastische Worte, mit denen er die ästhetisch-symbolische Aneignung des Lilien- oder Vogelhaften von der Aufforderung, es beiden gleich zu tun, unterscheidet: »Ich kann das Evangelium nicht verstehen; uns trennt ein Sprachunterschied, der mich, wenn ich es verstünde, töten würde.« Damit ist er radikaler Vorläufer einer protestantischen Ausdrucksweise, wie sie sich etwa in Karl Barths *Römerbrief* wiederfindet, der von einer »Brandmauer« zwischen dem Gläubigen und Gott spricht, in der man Kierkegaards »Sprachunterschied« unschwer wiedererkennen kann; verwandt auch Dietrich Bonhoeffer, der das Verhältnis zu Gott auf die knappe Formel bringt: »Einen Gott, den ›es gibt‹, gibt es nicht.« Wir müssen folglich erkennen, dass es gerade dieser unerkannte Sprachunterschied ist, der es immer wieder nötig macht, auf bestimmte ästhetische (und auch ethische) Kategorien zurückzugreifen, um sich dem Unerkannten anzunähern. Wenn Barth jedoch den Teil seines Hiob-Buches über das Schweigen Gottes mit dem Satz beginnt: »Die Poeten sagen es oft besser als die Theologen«, so müsste Kierkegaard hier gleich mehrfach widersprechen. Einerseits würde er darauf hinweisen, dass den Theologen die Kraft der Sprache durch die Erkenntnis besagten »Sprachunterschieds« eingeschränkt wurde und sie im Bewusstsein des »unendlich radikalen qualitativen Unterschieds« zwischen Mensch und Gott, der im Begriff der Sünde aufscheint, jedoch durch die Vergebung überwunden werden kann, nur schwerlich Worte finden können. In einem nächsten Schritt aber würde er selbst diese unzureichenden Einlassungen verurteilen, da Sprache generell nicht geeignet ist, Glauben zu vermitteln. Für Kierkegaard sind die Theologen den Freunden Hiobs verwandt, die Begründungen suchen, weshalb das Böse in der Welt ist, und das Wirken Gottes genau mit diesem Versuch, es zu erklären, verunklaren. Kierkegaard bringt es auf die radikale Formel: »Theologie ist Blasphemie« und wählt genau deshalb Hiob als Vorbild, weil der diesen Grundsatz intuitiv erfasst, weshalb er alle Erklärungen und versuchten Tröstungen, so gut gemeint sie auch sind, zurückweist.

Gerade darum aber sollen wir uns Lilie und Vogel zum Vorbild nehmen, weil sie der Natur des Menschen zuwiderlaufen, folglich nicht zu verwirklichen sind. Ähnlich einer *imitatio christi*, könnten wir in einer *imitatio lilii*, respektive *imitatio avis*, beide lediglich nachahmen, um uns weder von dem eingeschränkten Lebensfeld und der Verwurzelung beengen noch von den scheinbar unendlichen Weiten und der Entwurzelung einschüchtern zu lassen, wie zum Beispiel eine Lesart des biblischen Gleichnisses im Stadium der Ethik lauten könnte. Kierkegaard aber geht weiter, in dem er den Wunsch nach Verwirklichung von der Verwirklichung selbst unterscheidet. Der Wunsch, so Kierkegaard, entspringt der Trostlosigkeit: »Der Wunsch ist der Trost, den die Trostlosigkeit erfindet.« Das heißt, der Wunsch ist falsche Beschwichtigung eines Zustandes, der erst dann, wenn er an sich, das heißt im Zustand des »wunschlosen Unglücks« durchlebt wird, zu einer Erkenntnis führen kann. Um zum »Ritter des Glaubens« zu werden, muss man einerseits die Ebenen der »unendlichen Resignation« durchschreiten, ohne dabei selbst zu resignieren – eine von Kierkegaards Paradoxien, die erneut auf die Ironie verweist. Hier kommen Enthaltsamkeit und Verzicht, auch gegenüber einer Wertung der eigenen Existenz, ins Spiel, die ursprünglich keine willkürlichen, innerhalb religiöser Hierarchien missbrauchten Unterwerfungsmaßnahmen waren, sondern Praktiken, mit denen Trostlosigkeit und Resignation in ihrer Wesensart erlebt und erkannt werden konnten. So deutet sich an dieser Stelle bereits eine andere Definition des Begriffs der Gehorsamkeit an, die Kierkegaard mit einer weiteren Anweisung aus dem Evangelium illustriert, nämlich dem gleichermaßen bekannten wie missverstandenen: »Wenn ihr nicht werdet wie die Kinder«. Erneut warnt Kierkegaard vor einer Fehlinterpretation, in dem er nicht auf das eingeht, was wir allgemein mit dem Kind-Sein verbinden, nämlich Unbeschwertheit, Naivität, Neugier, sondern die erstaunliche Behauptung formuliert: »Das Kind fragt nie nach dem Grund.« Spontan will man widersprechen, denn wer Kinder kennt, weiß, dass sie ab einem bestimmten

Alter die Frage »Warum?« unaufhörlich wiederholen, doch bei näherer Betrachtung ist dies lediglich der Entdeckung des Fragens an sich geschuldet, die eine unendliche Fülle von Möglichkeiten eröffnet und in dem eine erste spielerische Erkenntnis über die Leere der Begierde aufscheint, nicht aber einem auf Ursachen gerichteten Erkenntniswillen. Ganz im Gegenteil zeigt sich im nicht zu befriedigenden Fragen nach dem Grund ein Desinteresse an eben diesem Grund, der das Spiel der Fragen unmittelbar beenden würde. Einen Grund anzunehmen und zu akzeptieren und sich von der Lust am infiniten Regress zu verabschieden, ist wahrscheinlich ein erstes Zeichen der – nicht immer ganz unproblematischen – Reifung und des Erwachsenwerdens, in dem das Fragen schon bald durch verschiedene Implikationen belastet wird, so dass man es einmal unterlassen soll (Lohengrin), dann hingegen nicht unterlassen darf (Parzival).

Wenn Kierkegaard zwischen den Schriften der »linken Hand« und denen der rechten unterscheidet, also zwischen seinen unter Pseudonym veröffentlichten und denen unter seinem Namen, so wäre es zu einfach zu meinen, erstere seien lediglich mäeutische Maskeraden, mit denen er, einen Widerspruch herausfordernd, den nicht-christlichen Stadien eine Stimme verleiht; im Gegenteil scheint es so, als wäre durch die Verwendung zahlreicher Pseudonyme

Kierkegaards eigener Name selbst zu einem Pseudonym geworden. Und ging es ihm nicht in seiner Philosophie gerade darum, verschiedene Durchdringungen darzustellen und nicht *einen* wahren Kern darzulegen, weil ihm dieser Kern in seinem Kern-Sein suspekt erschien? Wie ernst es Kierkegaard mit seinen Pseudonymen war, lässt sich an dem Aufwand erkennen, etwaige Spuren, die von diesen Schriften zu ihm hätten führen können, zu verwischen. So suchte er vor der Publikation von *Entweder-Oder* allabendlich zum Ende der Vorstellung das Theater auf, um sich der Kopenhagener Gesellschaft zu präsentieren, die glauben sollte, er vergeude dort seine Zeit und habe weder Kapazitäten noch Interesse, ein größeres philosophisches Werk zu verfassen. Dieser Ernsthaftigkeit im Versteckspiel entsprach im entgegensetzten Sinn wenig später sein Entschluss, mit der Publikation der *Abschließenden unwissenschaftlichen Nachschrift* im Jahr 1846 seine Tätigkeit als Autor zu beenden und stattdessen eine Stelle als Landpfarrer oder Lehrer zu suchen. Schnell geriet dieser Vorsatz jedoch wieder in Vergessenheit, weil Kierkegaard merkte, dass sich eine von Anfang an aufs Engste mit seiner Existenz verbundene Tätigkeit nicht willkürlich abschließen lässt. Doch allein die Erwägung dieser Möglichkeit förderte eine fünfjährige Phase großer Produktivität, in der Kierkegaard gleichzeitig Schriften der »linken« und der »rechten« Hand verfasste. So erschienen die hier vorliegenden *Reden* parallel zum zweiten Teil von *Entweder-Oder* im Mai 1849. Dabei ist bezeichnend, dass er diese Texte nicht als Predigten bezeichnet, obwohl sie durchaus homiletischen Charakter haben, da sie sich nicht allein mit Bibelstellen beschäftigen, sondern oft gebetshafte Züge annehmen. Als Grund dafür gibt Kierkegaard an, er habe »keine Autorität, zu predigen«. Was aber, um diese Frage erneut zu stellen, bedeutet das genau? Welcher anderen Autorität unterwirft er sich hier, und handelt er dabei aus Demut, womöglich in Form einer praktischen Umsetzung genau jener Thematik, die er in diesen Reden behandelt?

Am 7. September 1846 notiert Kierkegaard in seinen tagebuchartigen Aufzeichnungen: »Ein Schriftsteller, der, wesentlich durch Sokrates und die Griechen gebildet, das Ironische verstanden hat, beginnt eine enorme schriftstellerische Tätigkeit; er will gerade nicht Autorität sein, und zu dem Zweck sieht er ganz richtig, dass er durch ständiges Herumlaufen auf der Straße den Eindruck von sich selbst notwendigerweise abschwächen muss.« Bei der Lektüre Kierkegaards ist es notwendig, alle sieben Sinne beisammen zu haben, da man sonst leicht in die Irre geht und das, was scheinbar leichtfüßig daherkommt, missversteht. Es gibt also einerseits die »enorme schriftstellerische Tätigkeit«, zum anderen »das Herumlaufen auf der Straße«, das diese Tätigkeit auf gewisse Weise unterminieren soll. Doch wie? Haben wir es hier nicht mit zwei unterschiedlichen Seins-Arten zu tun, einmal mit der sich im Schreiben vergewissernden, und einmal mit einer »peripatetischen«, die wir von Sokrates und den Kynikern kennen, die sich auf der Straße herumtrieben, um Menschen zu befragen oder sich selbst in ihrer ganz grundsätzlichen Menschlichkeit auszustellen?

Wie bereits erwähnt, wollte Kierkegaard seine *Abschließende unwissenschaftliche Nachschrift* durchaus wörtlich als Endpunkt seiner schriftstellerischen Tätigkeit verstanden wissen. Nach der Veröffentlichung im Februar 1846 reiste er im Mai für zwei Wochen nach Berlin, um seinen neuen Lebensabschnitt zu überdenken, und begann im Herbst 1846 mit dem *Buch Adler*, in dem er die theologischen Ansätze des Pastors Adolph Peter Adler einer genauen Prüfung unterzog. Adler, nicht einmal ein Jahr älter als Kierkegaard, zählte sich zu den dänischen Junghegelianern, bis er im Jahr 1842 eine Vision hatte, in der ihm Jesus erschien und befahl, dem Hegelianismus abzuschwören, seine bisherigen Schriften zu verbrennen und Platz für die Erkenntnisse des Glaubens zu schaffen, die Gott ihm nun offenbaren wolle, damit er sie niederschreiben und im Jahr darauf, 1843, unter dem Titel *Einige Predigten* veröffentlichen konnte. Adler wurde noch im selben Jahr von Bischof Mynster, einem weiteren Gegenspieler Kierkegaards, suspendiert und im Jahr darauf seines Amtes enthoben. In der Folge relativierte Adler seine »Erscheinung« und räumte ein, dass die Bezeichnung »Offenbarung« womöglich etwas übertrieben gewesen sei, es sich aber bei seinen Predigten durchaus um ein »geniales« Werk handele. Kierkegaard war mit Adler, der ihm seine Predigten zusandte und ihm auch bei einem Besuch daraus vorlas, nicht nur privat bekannt, vielmehr hatte er sich bereits in seinem 1844 erschienenen Werk *Der Begriff Angst* theoretisch mit ihm auseinandergesetzt und sich in seiner unter dem Pseudonym Vigilius Haufniensis verfassten Hegelkritik weniger auf Hegel als auf Adlers *Populäre Vorlesungen zu Hegels objektiver Logik* bezogen, da, wie Jon Stewart feststellt, sämtliche Punkte, die Kierkegaard / Haufniensis an Hegel kritisiert, in der Einleitung von Adlers *Vorlesungen* zu finden sind.

Kierkegaard hatte sich bereits bei seinem Entschluss, nicht mehr zu schreiben, die Einschränkung vorbehalten, gelegentlich »Besprechungen« zu verfassen, weshalb ihm als Erstes der Gedanke kam, seine Abhandlung zu Adler als »Besprechung« zu deklarieren, als Nächstes, sie gemeinsam mit den *Erbaulichen Reden* unter dem Titel *Kleine Werke* zu veröffentlichen. Ein weiterer Einfall bestand darin, dem Autor der *Abschließenden unwissenschaftlichen Nachschrift*, Johannes Climacus, das *Buch Adler* zuzuordnen. Doch auch diese Idee verwarf Kierkegaard und beschloss stattdessen, lediglich als Herausgeber zu fungieren und ein neues Pseudonym, nämlich Petrus Minor, zu wählen, in dem die »kleinen« Werke nachklingen. Der Titel des von Petrus Minor verfassten Werkes aber sollte lauten: *Die religiöse Verwirrung der Gegenwart, illustriert am Phänomen des Magisters Adler*. Erst im Jahr 1872, siebzehn Jahre nach Kierkegaards und drei Jahre nach Adlers Tod, erscheint das *Buch Adler*, aus dem zu Kierkegaards Lebzeiten lediglich ein bearbeiteter Ausschnitt 1849 unter den pseudonymen Initialen HH als Teil von *Einübung im Christentum* erschien, ohne allerdings den Namen Adler zu nennen, da Kierkegaard fürchtete, seine inhaltliche Auseinandersetzung und theologische Kritik könne »für das neugierige Publikum zu einem Hahnenkampf zwischen Adler und mir werden«, wo Adler selbst in dem Buch doch nur eine »Nebensache« (im Original deutsch) sei. Kierkegaards Kritik an Adler war aber gerade deshalb so scharf, weil dieser, wie Kierkegaard feststellte, »trotz aller Verwirrung mehr Religiosität besitzt als die meisten«.

Diese intensive Auseinandersetzung mit Adlers *Predigten* war unter anderem dafür verantwortlich, dass Kierkegaard die hier veröffentlichten Texte in Abgrenzung zu jenen als Reden bezeichnete, obwohl man von Form und Inhalt unwillkürlich an Predigten erinnert wird, nicht nur durch die Auslegung von Bibelstellen, sondern auch durch die Einbindung von Gebeten sowie den appellativen Charakter des Vorgetragenen. Noch wichtiger aber ist Kierkegaard in diesem Zusammenhang besagte Selbsteinschätzung, »ohne Autorität« zu sein und lediglich aus der subjektiven Anschauung des Dichters zu sprechen. Diese Aussage ist natürlich im Kontext seiner umfangreichen Auseinandersetzung mit den unterschiedlichsten Autoritäten zu sehen, von der Hegel'schen Dialektik bis hin zum kirchlichen Dogma. Wenn Kierkegaard diese Autoritäten jedoch infrage stellt, führt das nicht zu einer Selbstermächtigung, sondern im Gegenteil zu der Erkenntnis, nicht nur in Bezug zu diesen Autoritäten, sondern auch in Bezug zu sich selbst »ohne Autorität« zu sein. Vor allem aber ist der Mensch vor Gott ohne Autorität, da er, wie Kierkegaard es überspitzt zusammenfasst, »vor Gott immer unrecht hat«. Eine seiner radikalsten Feststellungen, die auch den Geist dieser *Reden* bestimmt und gerade in einer Zeit, in der das Individuum vor die paradoxe Anforderung gestellt wird, sich einerseits selbst zu ermächtigen, sich andererseits aufzulösen, besonders relevant erscheint. Dieses aktuelle gesellschaftliche Paradox ist von außen betrachtet gar nicht weit von Kierkegaards Denken entfernt, zielt aber im Gegensatz zu diesem nicht auf die grundsätzliche Befreiung des Individuums in seiner singulären Existenz. Der Versuch, eine materialistisch interpretierte Apokalypse zu verhindern, könnte nicht ferner von Kierkegaards »Drama« des »Ritters des Glaubens« sein, da unseren im ethischen Stadium gefangenen Vorstellungen der verdrängte Kern innewohnt, ob wir uns mit der »Abschaffung Gottes« nicht vor allem von der unangenehmen Tatsache befreit haben, »immer im Unrecht« zu sein. Jetzt haben wir zwar immer recht, allerdings hat dieses »Recht« nicht selten die Anmutung einer selbstreferenziellen Rechtfertigung.

Einerseits spricht also der ohne eine Autorität ausgestattete Dichter in diesen hier vorliegenden *Reden*, andererseits wird dieser Dichter bereits im ersten Satz der ersten Rede in Anführungszeichen gesetzt: »Aber vielleicht sagst du mit dem ›Dichter‹, und das gefällt dir sehr, wenn der Dichter so spricht: O wär ich doch bloß ein Vogel oder wie ein Vogel«. Und später heißt es: »Wenn er sagt oder schreit: ›Hätte ich doch nur eine Stimme wie der Sturm, um all das Leid ausdrücken zu können, das ich verspüre!‹« Diese »Stimme wie der Sturm« findet sich, zusammen mit dem konjunktivistischen Sehnen eines Lyrischen Ichs, exemplarisch bei dem Dichter Cecco Angiolieri (1280–1312), der ausruft: »Wäre ich Feuer, ich verbrennte die Erde / Wäre ich Wind, ich verwüstete sie. / Wäre ich Wasser, ich träte über die Ufer / Wäre ich Gott, in den Abgrund würfe ich sie.« In dieser Vernichtungsphantasie imaginiert sich Angiolieri in die Position der Macht hinein und malt sich aus, was er als die nicht zu zähmenden Elemente, als Papst, Imperator, Gott, ja, selbst als Tod und Leben tun würde, um sich am Ende, da er das alles doch nicht sein kann, damit zu begnügen, den jungen, schönen Frauen nachzulaufen, was unmittelbar an Kierkegaards *Tagebuch eines Verführers* als Stellvertreter des ästhetischen Stadiums erinnert. Wir treffen hier auf ein Beispiel der falschen, man könnte beinahe sagen: »narzisstischen« Resignation, die sich in das Vergnügen flüchtet, ohne zu erkennen, dass diese Flucht die Verzweiflung fördert und somit zu einer scheinbar unentrinnbaren Kreisbewegung führt. Eine weitere Fehleinschätzung findet sich in der Hoffnung des Dichters, sein Leid zu vermindern, indem er es ausdrückt. Hierzu sagt Kierkegaard: »Oh, das wäre nicht sehr klug, denn er würde das Leid nur noch stärker verspüren. Nein, aber wenn du schweigen könntest, wenn du die Schweigsamkeit des Vogels hättest, sollte das Leid schon kleiner werden.« William Blake geht in diesem Zusammenhang noch weiter und formuliert am Beispiel von Miltons *Paradise Lost*: »Der Grund, weshalb Milton in Fesseln schrieb, wenn Engel und Gott sein Thema waren, er hingegen frei formulierte, wenn es um Teufel und die Hölle ging, lag in der Tatsache, dass er ein wahrer Dichter war, und damit auf der Seite des Teufels, ohne es zu wissen.« Ein Beispiel, das Kierkegaard hätte gefallen müssen. Gleichzeitig werden wir daran erinnert, dass »die Ironie unendlich schweigsam ist«, und müssen uns erneut fragen, über was sie eigentlich schweigt.

Das Schweigen spielt bei Kierkegaard eine große Rolle. In *Furcht und Zittern* taucht es als Schweigen Abrahams gegenüber dessen Sohn und Frau über die ihm von Gott aufgetragene grausame Tat auf, in der *Wiederholung* als das letztlich dem Leid gegenüber angenommene Schweigen Hiobs und in Kierkegaards eigenem Leben als das Verschweigen einer »Erbschuld«, da Kierkegaards Vater einmal Gott verflucht hatte. So ist das Schweigen immer mehrfach zu lesen, etwa als kontraintuitive Aussage innerhalb des ästhetischen und ethischen Stadiums, in dem die gleichermaßen schöne wie leidende Seele nach Ausdruck verlangt oder das moralische Bewusstsein ihn sogar fordert. Innerhalb des religiösen Stadiums erscheint es als Verstummen des Menschen vor Gott, um das »Drama des Glaubens« in einem weiteren Schweigen, nämlich dem Schweigen Gottes, zu erfahren. Das Schweigen hat bei Kierkegaard jedoch noch eine zusätzliche Bedeutung, etwa wenn er in seiner *Abschließenden unwissenschaftlichen Nachschrift* schreibt, dass der vielstimmige Chor seiner pseudonymen Schriften ausschließlich »Meinungen« abbilde, zu denen er sich selbst wie ein Dritter verhalte, und bittet, dass man Stellen aus diesen Texten nicht seinem Namen zuschreiben, sondern sie beim Zitieren mit dem Namen des jeweiligen Pseudonyms versehen solle. Hier erfahren wir eine praktische Anwendung des »ironischen Schweigens«, die Kierkegaard über weite Strecken seines philosophischen

Arbeitens wohl selbst gegenüber dem eigenen Denken und Schreiben angewandt haben muss.

Wenn Kierkegaard die Feststellung, dass der Mensch vor Gott immer im Unrecht ist, als »freudigen Gedanken« bezeichnet, so können wir uns eine Geisteshaltung vorstellen, mit der er das eigene »Unrecht« seiner Gedanken »freudig« notiert, nicht um seiner selbst willen, sondern um auf diese Weise *ex negativo* auf Gott zu verweisen. Das Schweigen aber, von dem Kierkegaard spricht, ist kein Zustand, der lediglich benannt werden kann, um ihn wieder vom Sprechen ablösen zu lassen, wie es sich der Dichter imaginiert, der den Fehler begeht, dem Schweigen immer noch Ausdruck verleihen zu wollen. »Denn natürlich ist die Dichter-Rede von gewöhnlicher menschlicher Rede höchst verschieden, so feierlich, dass sie, verglichen mit gewöhnlicher Rede, fast wie Schweigen ist, aber eben nur fast.«

Obgleich Kierkegaard bis zu seinem Lebensende veröffentlichte, folglich nicht schwieg, lässt sich seine Haltung gegenüber der Amtskirche nicht immer eindeutig definieren, weshalb nach seinem Tod verschiedene Interpretationen seines Verhaltens entstanden. Bezog sich seine Kritik ausschließlich auf den Protestantismus, so dass er womöglich, hätte er noch weitergelebt, zum Katholizismus konvertiert wäre, wie sein erster Übersetzer ins Englische, Walter Lowrie, selbst Priester der Episkopalkirche, vermutet? Indizien gäbe es dafür einige, so Kierkegaards Kritik an der »Abschaffung« der Heiligen, seine Befürwortung des Zölibats, seine Betonung der mittelalterlichen *imitatio christi* oder seine Wertschätzung des Jakobusbriefs, den Luther als »recht stroherne Epistel« bezeichnete, die er wegen der in ihr ausgedrückten Wertschätzung des Handelns und der »guten Werke« gegenüber seinem eigenen Grundsatz »*sola fide*« in seiner Bibelübersetzung nach hinten verschob. Kierkegaards erster Biograph, Georg Brandes, vermutet hingegen, dass Kierkegaard zum Freidenker geworden wäre. Dass er in seinen letzten Lebenswochen den sonntäglichen Besuch der Messe aufgab und sich stattdessen demonstrativ und für alle sichtbar gegenüber der Kirche in einem Café postierte, erinnert an die bereits erwähnte Anekdote, nach der er sich während der Abfassung von *Entweder-Oder* bewusst vor den Theatern zeigte, um seine Untätigkeit auszustellen. Wichtig war ihm immer, eine genaue Einschätzung seiner Person unmöglich zu machen. Auf seinem Totenbett bekannte er sich erneut zur Gnade (»Was sonst?«), lehnte aber gleichzeitig das Abendmahl ab, während er sich für seinen Grabstein ein schlichtes »Das Individuum« gewünscht hatte, stattdessen jedoch einen Auszug aus einem Kirchenlied bekam, ganz so, als sollte sich hier noch einmal Kierkegaards Erkenntnis beweisen, dass es »eine Eigenart des Menschengeschlechts ist, dass das Individuum über ihm steht, weil Gott das Individuum nach seinem Ebenbild schuf. Das kann falsch verstanden und fürchterlich missbraucht werden: *concedo*. Aber das ist Christentum. Und *hier* muss die Schlacht geschlagen werden.«

Die wirkliche Meisterschaft Kierkegaards aber besteht darin, mich nach der Lektüre dieser drei Reden, ebenso wie nach der Lektüre seiner zahlreichen anderen Texte, zu einer anderen Form des Denkens zu bringen, die es mir ermöglicht, meine eigene existenzielle Situation nicht allein aus *einer* anderen, sondern gleich aus mehreren anderen Perspektiven zu betrachten. Kierkegaard zeigt mir, dass es ein Denken gibt, das sich weder dialektisch entwickeln muss, um zu einer Auflösung seiner selbst zu gelangen, noch den Intellekt zu opfern hat, um zu erkennen, was Glauben zu sein vermag. Es mag sicherlich den von Kierkegaard als »Sprung« benannten qualitativen Unterschied zwischen dem ästhetischen und ethischen Stadium einerseits und dem christlichen andererseits geben, aber dies erfahre ich ohnehin nur, wenn ich es den Lilien und Vögeln gleichtue und schweige. Im Prozess des Denkens, und dem des Schreibens allemal, dort, wo ich etwas zu benennen und erfassen suche, wird es immer ein Changieren zwischen allen drei Stadien geben, und weil es Kierkegaard, wie ausgeführt, nicht um eine Überwindung, einen Aufstieg, eine Treppe geht, über der am Ende eine Wolke schwebt, in der ich entschwunden bin, ich hingegen, solange ich lebe, immer vom Drama des Glaubens (oder dem des Unglaubens) und dem »Sprachunterschied« gegenüber dem Göttlichen begleitet werde, halte ich es nicht für vermessen, die Stadien in gewissem Sinn als austauschbar zu betrachten. Das bedeutet, dass für den einen das ästhetische Stadium mit seiner romantischen Liebe der Stachel im Fleisch ist, für die andere das ethische Stadium mit der Frage, was Moral zu sein vermag, so wie für einen Dritten die Auseinandersetzung mit dem Glauben. Letztlich finden wir nur dort Zugang zu einer wirklichen existenziellen Form des Seins, wo wir die eigene Existenz in welcher Weise auch immer zu übersteigen, zu transzendieren, von uns zu werfen oder hinter uns zu lassen, jedoch grundsätzlich zu hinterfragen versuchen. Alles andere sind Wort- und Gedankenspiele, bestenfalls getragen von unbekümmerter Naivität, schlimmstenfalls von verblendeter Ideologie.

Ich verlasse mit dem nächsten Gedanken bewusst die Möglichkeit einer begründeten Interpretation der Philosophie Kierkegaards, aber vielleicht lassen sich die Stadien in Form eines Kreises angeordnet besser verstehen, ähnlich dem tibetischen Lebensrad, in dem sechs verschiedene Lebenswelten dargestellt sind, die Welt der hungrigen Geister, die Hölle, die Welt der Tiere, der Menschen, der kämpfenden Halbgötter und der Götter. Dieses Bildwerk lässt sich als eine Darstellung verschiedener Existenzmöglichkeiten auffassen oder eben auch verschiedener Möglichkeiten innerhalb *einer* Existenz, in der ich von einer Minute auf die nächste von der Welt des nicht stillbaren Hungers zur göttlichen Selbstvergessenheit und wieder zurück geführt werden kann. Dass dieser Gedanke womöglich nicht völlig absurd ist, lässt sich an dem von Kierkegaard immer wieder ins Feld geführten Begriff der Wiederholung erkennen, der sich mit der Hoffnung verbindet, im erneuten Durchlaufen des scheinbar »Immergleichen« doch etwas verändern zu können, gerade weil nicht »es« auf ewig wiederkehrt, sondern ich es bin, der in einer Zeit, die mir zwar unendlich erscheinen mag, aber dennoch eingeschränkt ist, demselben begegne. In diesem Wechselspiel gilt es den Augenblick zu erfassen, der in seiner existenziellen Dringlichkeit, in seinem »Durchbruch des Ewigen«, den Glauben in die Existenz überführt und alles Räsonieren beendet. So schreibt Kierkegaard in einem seiner letzten Texte mit dem Titel »Wann ist der Augenblick?«: »Weltliche Klugheit ist ewig ausgeschlossen, verachtet und verabscheut, wie sie es im Himmel ist, mehr als alle Laster und Verbrechen; denn sie gehört ihrem Wesen nach am allerengsten zu dieser elenden Welt, und ist am allerweitesten davon entfernt, mit dem Himmel oder dem Ewigen zu tun zu haben.«

Originaltitel: *Lilien paa Marken og Fuglen under Himlen*,
C. A. Reitzels Verlag, Kopenhagen 1849.

Die Bibelstellen sind nach der re-revidierten Lutherbibel 2017 zitiert.

Erste Auflage Berlin 2024

MSB Matthes & Seitz Berlin
Verlagsgesellschaft mbH
Großbeerenstraße 57 A, 10965 Berlin
info@matthes-seitz-berlin.de



Umschlaggestaltung: Jennifer Kroftova, Berlin
Umschlagmotiv: Cyanotypie von Jennifer Kroftova
Satz und Layout: Monika Grucza-Nápoles, Cartagena
Druck und Bindung: Pustet, Regensburg
ISBN 978-3-7518-6502-9
www.matthes-seitz-berlin.de